LES
THÉORIES DE LA VIE
JUGÉES DANS L'ŒUF

PAR

A. [illegible]

[illegible]

[illegible]

PARIS

[illegible]

[illegible]

LES

THÉORIES DE LA VIE

JUGÉES DANS L'ŒUF

TRAVAUX SCIENTIFIQUES

DU MÊME AUTEUR

Emploi des Argiles ocreuses des Antilles, comme agent décolorant dans la fabrication des sucres. — Martinique, 1861.

De la vie et des travaux de Ch. Gaudichaud, Pharmacien en chef de la Marine, Membre de l'Institut. — Brest, 1869.

COUTANCE et HUSNOT. — *Enumération des Glumacées des Antilles.* — Caen, Blanc-Hardel, 1871.

De l'influence du Climat de Brest sur l'acclimatation des Plantes, et sur un moyen d'introduction des végétaux exotiques. — Congrès scientifique de France, 38e session.

Histoire du Chêne dans l'antiquité et dans la nature; ses applications à l'Industrie, aux Constructions navales, aux sciences, in-8º de 555 pages. — J.-B. Baillère, Paris, 1873.

Tendances végétales. — Brest, 1876.

L'Olivier. — Histoire botanique, régions, culture, etc., grand in-8º avec 120 figures et carte, XII, 443 pages. — Paris, J. Rothschild, 1877.

De l'Énergie et de la Structure musculaire chez les Mollusques acéphales (Mémoire couronné dans la 15e réunion des Sociétés savantes à la Sorbonne), in-8º de 64 pages et 2 planches. — Paris, J.-B. Baillère, 1879.

Phénomènes de Capillarité. — Brest, 1879.

Analogies du Climat de Brest avec celui de l'époque tertiaire. — Brest, 1878.

Perle et Corail, dans Diamants et Pierres précieuses, Bijoux, Joyaux et Orfèvreries. — Ed. JANNETAZ, E. FONTENAY, Em. VANDERHEYM et A. COUTANCE. — Paris, J. Rothschild, 1880.

Expériences de bord, établissant que les minimum de salure des eaux de l'Océan sont placés sur le trajet des courants, et les maximum hors des courants marins. — Brest, 1880, et *Revue des Sociétés savantes.*

Les Lichens ensemenceurs d'algues. — Brest, 1881.

Souvenirs de Leyde. — Brest, 1881.

Le Bouleau. in-8º de 67 pages avec figures et tableaux. — Paris, Berger-Levrault, 1881.

La Lutte pour L'Existence, in-8º de 500 pages. — Paris, C. Reinwald, 1882.

Action biologique des sels de l'eau de mer sur les animaux marins. — Brest, 1882.

La Fontaine et la Philosophie naturelle, in-8º de 60 pages. — Paris, C. Reinwald, 1882.

LES
THÉORIES DE LA VIE
JUGÉES DANS L'ŒUF

PAR

A. COUTANCE

OFFICIER DE LA LÉGION D'HONNEUR
PROFESSEUR DES SCIENCES NATURELLES A L'ÉCOLE DE MÉDECINE NAVALE
DE BREST

PARIS
Octave DOIN, 8, place de l'Odéon.

1886

LES

THÉORIES DE LA VIE

JUGÉES DANS L'ŒUF (1)

L'étude de l'œuf possède toutes les séductions. Elle a un attrait profond pour l'anatomiste et le physiologiste, elle contient pour l'observateur des harmonies naturelles mille révélations inattendues, elle ouvre à l'esprit du philosophe des perspectives multipliées sur les grands mystères de la vie.

Pareil à ces défilés des Alpes ou des Pyrénées par lesquels s'allongent et se pressent les bandes ailées des oiseaux migrateurs venus de tous les points de l'horizon, l'œuf, lui aussi, est un étroit passage vers lequel convergent sur leurs ailes légères ou fatiguées, les théories brillantes ou les lourds systèmes qui ont la prétention d'expliquer la vie.

C'est là que l'observateur doit se placer pour attendre ces fantômes, c'est là qu'il pourra le mieux les voir et juger de la puissance ou de la faiblesse de leur vol.

L'œuf, pour le penseur, est la merveille des merveilles. Vous regrettez peut-être de n'avoir pas assisté à la naissance de la vie, prodige que la science humaine n'a pas

(1) Ce mémoire constitue un chapitre d'un ouvrage complet sur l'Œuf, que des circonstances indépendantes de notre volonté nous empêchent d'achever. Quand le travail nous redeviendra possible, nous publierons cette étude avec tous les développements qu'elle comporte.

encore expliqué : vous regrettez de ne pouvoir saisir d'une façon certaine les relations qui lient les formes successives dans la durée des âges ; à quoi bon r emonter si haut. Si vous voulez un miracle, le voici : c'est l'œuf ; si vous voulez un mystère à éclaircir, le voici : c'est l'œuf ; si vous voulez la clef de l'organisation, elle est dans l'œuf ; si vous voulez, enfin, toucher à la limite du pouvoir de la science humaine, elle est dans l'étude de l'œuf.

Tout vient de l'œuf et tout aboutit à l'œuf. Tous les systèmes le rencontrent sur leur route et l'interrogent comme on interrogeait le sphin x.

C'est pour éclaircir les mystères si séduisants de l'organisme en voie de formation, que les plus belles recherches de ce siècle ont eu l'œuf pour objet. Aussi, c'est un spectacle saisissant que celui de ces puissantes intelligences qui ont scruté le monde et la vie depuis leurs origines jusqu'à nos jours, qui ont jeté des lumières éclatantes sur les mystères anciens perdus dans la nuit du passé, et touvé la solution des problèmes les plus ardus de l'organisation. C'est un émouvant tableau que celui de ces hommes, grands par le travail et la patience, s'arrêtant et se troublant devant cet objet si simple et si vulgaire : l'œuf, et perdant devant lui leur assurance, leur dogmatisme. Car il est là, il ne s'agit ni de probabilités, ni de peut-être, ni de passé, ni de lointain. Il est là, visible et tangible. Il n'est pas assez volumineux pour qu'on ne puisse l'embrasser, ni assez petit pour qu'on ne puisse le voir. Il attend même le bon plaisir de l'observateur, et la lenteur de son évolution semble vouloir se mesurer à la lenteur même de notre expérimentation. Il est patient, souffre tout, et par milliers et millions se présente à notre étude. Des centaines de travailleurs y ont mis, les uns leur sagacité, les autres leur génie, tous une ardente curiosité, et cet œuf garde encore le mystère de son origine et le miracle de son évolution. Son immobilité, son silence, ce qu'il résume et ce qu'il contient d'existences, sa puissance, et sa fragilité ; ce sommeil qui peut être sans réveil, cette vie qui peut finir avant d'avoir commencé ; cette étincelle qui deviendra flamme ou cendre, force ou néant, cette mort apparente qui est l'aurore d'une résurrection : tout est étrange dans l'œuf.

L'ovogénie nous apprend d'où il vient, l'embryogénie ce qu'il devient. La finalité de l'œuf résulte du rapprochement de son point de départ et de son point d'arrivée, c'est la reproduction.

L'ŒUF FORMULE ORGANIQUE

Tout être vient d'un œuf et aboutit à un œuf. Celui-ci est donc l'alpha et l'oméga de toute existence : un berceau et une tombe ; de là résulte surtout ce fait qui résume le rôle de l'œuf, c'est qu'il est le trait d'union d'une génération à l'autre. Il emporte quelque chose de l'être qui l'a produit, il apporte quelque chose à l'être qui sortira de lui. Il n'est plus l'être, il le sera demain. Suivant l'expression de Claude Bernard : *L'œuf est un devenir.*

Ce n'était pas dire assez, car l'œuf n'est pas un devenir à la façon de la goutte d'eau qui, suivant les circonstances, devient cristal ou vapeur. Le devenir de l'œuf n'est pas livré aux hasards. Le grand physiologiste le sait, et il ajoute : « Il (l'œuf) représente une sorte de *formule organique* qui résume l'être dont il procède et dont il a gardé en quelque sorte le *souvenir évolutif.* »

Cette définition est à méditer. Elle appartient bien au génie qui, niant la force vitale et se trouvant dans l'impuissance de tout expliquer par les forces physico-chimiques, invoque à chaque instant ces forces vitales sous les noms de puissance ou d'idée directrice.

« L'œuf est un devenir. » Tout n'est-il pas un devenir dans le monde ? Pas une cellule qui ne soit un devenir ; pas une forme qui ne soit un devenir, les espèces elles-mêmes ne sont, dit-on, que la figure passagère d'un devenir inconnu, et l'univers tout entier, l'œuf universel, est en marche vers un devenir formidable, épanouissement ou naufrage !

L'œuf est une *formule organique*. Les vitalistes comprendront parfaitement cette expression, qui n'a aucun sens pour l'école expérimentale ou positive. Soit A l'albumine, Gl le glycogène, Gr le corps gras, E les enveloppes. Soit Ch la chaleur nécessaire, et O l'oxygène indispensables à l'évolution ; nous avons là tous les éléments du premier terme de l'équation, dont le second sera ce fameux devenir Ce premier terme est invariable dans toute la série vivante, car nous le savons avec Flourens « tout œuf est composé de même » c'est bien là la formule de l'œuf pour la science expérimentale. Introduisons cette formule dans une équation, et à la place du fameux *devenir* D, précisons et mettons le *devenu* R, un roitelet par exemple nous aurons :

$$(A + Gl + Gr + E)^{Ch + O} = R$$

Malheureusement, si c'est là la formule du roitelet, c'est aussi celle de l'autruche, de la morue, du caïman, de l'abeille, de l'écrevisse, du corail, de l'éponge. Le premier terme de l'équation ci-dessus demeure invariable pour la science expérimentale, tandis que le second varie sans cesse, ce qui est une grande difficulté, une impossibilité, et dénote une lacune dans la formule organique de l'œuf, et l'absence de quelque chose d'essentiel. Ce quelque chose, c'est nous qui l'avons omis, car le grand physiologiste dont nous discutons la définition de l'œuf, l'avait bien indiqué, en disant que l'œuf est une formulé organique, mais une formule qui a gardé le *souvenir évolutif* de l'être dont il procède. Ce souvenir évolutif S^n introduit dans les équations dont nous parlions plus haut les rend acceptables.

$$(A + Gl. + Gr. + E + S^r)^{Ch + o} = R.$$

nous donnera la formule du roitelet.

$$(A + Gl. + Gr. + E + S^a)^{Ch + o} = A.$$

nous donnera la formule de l'autruche, et ainsi de suite. De sorte que, en simplifiant, c'est-à-dire en mettant A + Gl + Gr + E matière de l'œuf = M, et Ch + O conditions évolutives de l'œuf = C, et enfin S^n souvenirs évolutifs divers :

$$(M + S^n)^C$$

devient la formule organique de l'œuf de tous les êtres.

M et C étant toujours les mêmes en qualité, sinon en quantité, l'élément important de la formule de l'œuf, celui qui fait vraiment le Roitelet, l'Autruche, c'est S le souvenir évolutif.

Si l'Hôtel-de-Ville et les Tuileries doivent renaître plusieurs fois de leurs cendres, comme l'être renaît de son œuf, ce seront des matériaux identiques, pierre, bois et fer, mais le souvenir évolutif de chacun en fera des palais distincts par l'architecture.

Malheureusement ce souvenir évolutif chez l'œuf n'ayant jamais été vu au microscope, ni rencontré par la pointe d'un scalpel, expérimentalement, l'œuf n'en demeure pas moins un profond mystère, et sa formule une énigme.

Claude Bernard insiste sur ce point d'une façon toute particulière, variant ses expressions, cherchant à matérialiser ce *souvenir évolutif* sans y parvenir. « Quand on observe l'évolution ou la création d'un être vivant dans l'œuf, on voit clairement que son organisation est la conséquence d'une loi organogénique qui préexiste d'après *une idée préconçue*, et qui s'est transmise par *tradition organique* d'un être à l'autre.

Il est impossible d'émettre une conception plus métaphysique de l'œuf, en remontant la *tradition organique*, l'*idée préconçue* se révèle en effet dans son invariabilité et sa constance, et nous, nous la saluons encore au-delà du premier œuf de l'espèce dans lequel elle s'est incarnée.

Aussi nous répétons très volontiers avec l'auteur : « La nature et l'artiste semblent procéder de même dans la manifestation de l'*idée créatrice* de leur œuvre. » Nous verrons plus loin que la nature est impuissante à modifier l'idée créatrice, mais qu'elle en est l'auxiliaire indispensable.

Etudions maintenant avec le grand physiologiste cette puissance organisatrice en action. « Nous voyons dans l'évolution apparaître une simple ébauche de l'être avant toute organisation, les contours du corps et des organes sont d'abord simplement arrêtés, en commençant bien entendu par les échafaudages organiques provisoires, qui serviront d'appareils fonctionnels temporaires pour le fœtus. Aucun tissu n'est d'abord distinct, toute la masse n'est constituée que par des cellules plasmatiques ou embryonaires; mais dans ce *canevas vital* est dressé le *dessin idéal* d'une organisation encore invisible pour nous, qui a assigné d'avance à chaque partie, à chaque élément, sa place, sa structure et ses propriétés. »

L'œuf nous apparaît donc comme le substratum matériel indispensable, sur lequel l'*idée directrice* va opérer. Il faudra que les forces physico-chimiques ordinaires apportent leurs concours à l'œuvre, mais l'édifice grandira suivant *un plan préconçu*. Allez sur les chantiers où se construisent, ici un théâtre, là une bourse, plus loin une église, ce sont les mêmes matériaux accumulés, les mêmes bras, les mêmes moyens mécaniques, mais ici encore il y a un *dessin idéal* qui va réunir et grouper tous ces matériaux, les mettre à la place qu'ils doivent occuper. De même dans l'œuf. « Là, dit Claude Bernard, où doivent être des vaisseaux sanguins, des nerfs, des muscles, des os, les cellules embryonaires se changent en globules du sang, en tissus artériels veineux, musculaires, nerveux et osseux. L'organisation ne se réalise pas d'emblée; d'abord vague et seulement ébauchée, elle ne se perfectionne que par différenciations élémentaires, c'est-à-dire dans un fini, dans le détail de plus en plus achevé. »

Lorsque Claude Perrault conçut dans son esprit la colonade du Louvre, ce fut assurément une vue métaphysique. Elle ne fit cependant pas surgir cet admirable monument, elle ne remua pas d'elle-même les pierres, mais sans cette vue métaphysique le monument n'eut pas vu le jour. D'où vint la pierre, comment on la tailla, comment on l'éleva, on le sait. Je ne vois que des maçons et des pierres eut pu dire un passant vulgaire. Le physiologiste matérialiste qui étudie dans l'œuf l'édification d'un être répète aussi — je ne vois là que des forces physico-chimiques et des matériaux — mais Claude Bernard lui, indique le *dessin idéal* préexistant, comme on aurait pu montrer à ce passant le plan de la Colonnade, sortie du génie de Perrault, avant de se dresser sur les bords de la Seine.

Claude Bernard s'est toujours défendu cependant des conceptions vitalistes. Mais *la formule organique* dont l'œuf est l'expression, *l'idée préconçue, l'idée directrice, le souvenir évolutif, la tradition organique, le canevas vital, le dessin idéal,* sont des synonymes de force vitale, et les partisans de cette dernière répètent très bien avec lui : « C'est le *quid proprium* de la vie, car il est clair que cette propriété évolutive de l'œuf qui produira un mammifère, un oiseau ou un poisson, n'est ni de la physique ni de la chimie. » Le maître reconnaissait lui-même que « la force évolutive de l'œuf et des cellules était le dernier rempart du vitalisme. »

Eh bien soit, restons dans la place, l'œuf est la citadelle du monde organique, citadelle inexpugnable d'où nous pouvons dominer *la vie*. Et quand vous nous reprochez de transformer nos vues sur l'œuf en une conception métaphysique, et de briser le dernier lien qui rattache notre doctrine au monde physique, à la science physiologique, nous vous répondrons que notre manière de concevoir l'œuf, n'a rien de plus ou de moins métaphysique que *l'idée directrice* que vous y placez. Comme vous, nous admettons « *l'idée d'une unité* dans la succession de tous les changements morphologiques et chimiques accomplis par le germe depuis l'origine jusqu'à la fin de la vie ». Comme vous, « notre esprit saisit cette unité comme une conception qui s'impose, et nous l'expliquons par une force. »

C'est ici que nous allons nous heurter. « L'erreur, dites-vous, serait de croire que cette force métaphysique est active à la façon d'une force physique », car « cette conception ne sort pas du domaine intellectuel pour venir réagir sur les phénomènes. »

Assurément ce serait une erreur de croire que l'idée directrice ou la force vitale agissent dans l'œuf à la façon d'une force physique, c'est comme si l'on voulait soutenir que l'intervention de Claude Perrault dans l'édification de la colonade du Louvre a été active à la façon de la force des maçons ou des appareils élévatoires. Mais quand à prétendre que cette conception ne sort pas du domaine intellectuel c'est autre chose. Dites nous que vous n'apercevez pas de lien entre la direction et le résultat, soit, mais vous ne pouvez soutenir que cette idée directrice qui commande le résultat ne soit pas une puissance. Vous le reconnaissez vous-même et le répétez à satiété « il y a comme un dessin vital qui trace le plan de chaque être, et de chaque organe, en sorte que si considéré isolément chaque phénomène de l'organisme est tributaire des forces générales de la nature, pris dans leur succession et dans leur ensemble, ils paraissent révéler un lien spécial, ils semblent dirigés par quelque condition invisible dans la route qu'ils suivent, dans l'ordre qui les enchaîne. »

Vous dites, voilà *ce qui paraît, ce qui semble*, nous disons nous, voilà ce qui est : c'est tout ce qui nous sépare.

Le gendarme n'apparaît pas toujours entre l'exécution de la loi et la loi elle-même, vous ne niez cependant pas l'action de la loi, la force de la loi. L'œuf de chaque espèce possède également sa loi. Il lui obéit spontanément ou par force, peu importe, il lui obéit, et au-dessus de la loi nous saluons dans l'œuf une pensée, une volonté, un législateur.

L'INCONSCIENT

Ce mélange de métaphysique et de mécanisme dans les conceptions de Claude Bernard, révèle au fond un esprit à la fois troublé et sincère. Il veut bien de *l'idée directrice*, mais il lui refuse toute action. Il veut bien de la puissance génératrice de la cellule, mais il lui refuse toute idée directrice, toute intelligence d'un plan. Pauvre et grand esprit, étreint lui aussi par la conciliation du temporel et du spirituel, et qui, pour ne pencher ni d'un côté ni de l'autre, reste, lui l'inventeur du Déterminisme, dans l indéterminé le plus absolu. Voici un autre esprit de la même famille, la famille des indéterminés, qui veut et ne veut pas, qui nie et soutient, qui a peur des affirmations catégoriques, c'est De Hartmann dans la philosophie de l'Inconscient. Nous n'en parlerions pas dans ce travail de biologie, s'il n'avait lui aussi abordé le mystère de l'œuf auquel il applique sa séduisante théorie.

Chaque espèce vivante représente une idée exprimée, et la nature a surtout pour but la conservation de cette expression. La force organique qui travaille à l'intérieur du corps agit d'après cette idée fixe qui la dirige vers un but précis et invariable. Nous voilà bien près de *l'idée directrice* de Claude Bernard, mais comme les maçons et les manœuvres qui bâtissent un temple ou un palais, la force ou les forces inorganiques n'ont pas conscience de ce but précis, ne savent pas à quel résultat elles aboutiront; elles obéissent à une intuition de l'Inconscient comme les maçons obéissent à un entrepreneur, lequel obéit à l'architecte. L'architecte seul a la volonté consciente de bâtir un temple ou un palais, les maçons sont la force agissante sans idée du but. L'édifice étant terminé, on pourra dire qu'il est le résultat de deux causes, l'une matérielle, le travail des maçons ; l'autre spirituelle, la conception de l'architecte.

Il en est de même des constructions organiques. On s'élève de causes en causes matérielles jusqu'à l'œuf fécondé. C'est là le point de départ. Peu de chose que cet œuf, une cellule composée du vitellus; un noyau ou vésicule germinative ; un disque proligère qui, chez l'homme n'a pas 1|200 de ligne de grosseur. « Ces éléments, qui sont partout les mêmes, sous l'influence de conditions extérieures identiques, vont produire les espèces les plus diverses, avec les nuances si délicates qui les distinguent, et la multitude infinie de leurs systèmes d'organes et de tissus. Le petit qui sort de l'œuf contient, chez les animaux supérieurs, presque tous les tissus et organes divers qui constitueront plus tard l'animal dans son plein développement. »

L'architecte de cet organisme, c'est, d'après le philosophe, l'âme. Les organes qu'elle bâtit sont des mécanismes à l'aide desquels elle dominera la matière. Le maçon, le manœuvre, c'est ici *une volonté inconsciente*. L'âme animale ou végétale fait donc jaillir de l'œuf un être plus ou moins conscient, mais incapable de se construire lui-même et de réparer plus tard les brèches ou les avaries qui lui seront faites. C'est encore cette volonté inconsciente, ou nature médicatrice, qui lutte contre les causes extérieures des maladies, qui réunit les plaies, les os brisés ; c'est elle qui préside aux travaux, aux manifestations multiples de l'instinct. La volonté consciente de l'être n'intervient pas plus dans la production de l'œuf que dans son développement embryonaire, elle (est absente de tous ces actes, de même que pendant le sommeil le plus profond, les réparations les plus actives se font sans son concours.

Les actes de la volonté consciente sont souvent fatals à l'être, ceux de la volonté inconsciente sont toujours bienfaisants et dans l'ordre. La part de la première pendant la durée de l'existence, est infiniment moins grande que celle de la seconde, qui bâtit, qui conserve l'édifice organique. La volonté inconsciente est le vrai propriétaire de l'immeuble, la volonté consciente n'en est que le locataire, et un locataire qui n'en use pas toujours en bon père de famille, suivant la formule consacrée.

Quel est donc cet hôte mystérieux qui, dans l'œuf, par exemple, est antérieur à l'être, et se montre après l'acte mystérieux lui-même de la fécondation. Cet hôte qui connaît le plan de l'édifice et donne des ordres aux forces qui vont le construire, cet hôte intelligent qui choisit les meilleurs et les plus simples moyens pour ariver à son but ? Sans doute, c'est le Créateur lui-même toujours présent dans son œuvre, l'animant, la soutenant ; cette force spirituelle qui domine la matière, la philosophie spiritualiste l'a nommée depuis longtemps, c'est Dieu.

C'est la Providence agissant du dehors, et qui n'aurait qu'à retirer sa main de l'ordre de cet univers pour que celui-ci s'écroule. Oui, le philosophe a raison, l'être n'a pas conscience de tant de bonté unie à tant d'intelligence, il sent et jouit, c'est tout. Dans l'immensité de la série vivante un seul, s'élevant à la conscience et à la raison, contemple cet admirable spectacle, reconnaît son néant, et comprend que les forces matérielles sont impuissantes à expliquer la formation de l'être dans la substance de l'œuf, avec ses formes précises et invariables.

Eh bien! nous nous trompions, c'est l'individu lui-même qui est son architecte et son conservateur. C'est l'individu lui-même qui, à chaque phase de son évolution, et pour chaque cas particulier, veut et connaît, mais sans en avoir conscience, le but poursuivi. C'est lui également qui choisit, sans en avoir conscience davantage, les moyens appropriés à ce but. Force étrange, dominant la matière et la modelant; force aveugle qui voit tout; sourde qui entend tout; inintelligente, qui comprend tout; car sans se connaître, elle-même, elle accomplit des œuvres merveilleuses; en un mot, c'est l'*Inconscient!* L'Inconscient, qui de cet œuf fait jaillir un lapin, de cet autre une grenouille et d'un troisième un tenia. L'Inconscient, prodigieux artiste, ouvrier consommé sans savoir ce qu'il fait, tandis que le conscient, qui est à sa merçi, ne saurait construire un cheveu ou une cellule.

Nous comprenons maintenant le mystère de l'œuf, voilà sous son nom nouveau et redoutable la divinité cachée au fond du sanctuaire. Voilà la puissance nécessaire pour expliquer le mouvement embryonaire et sa direction, que ni la substance seule, ni les forces physico-chimiques ne pouvaient diriger, c'est l'Inconscient.

Cette théorie philosophique appliquée à l'œuf, fait naître en nous plusieurs sentiments. Elle est un aveu de l'impossibilité de concevoir matériellement l'évolution embryogénique aboutissant à un type spécifique déterminé. Elle soulage l'esprit qui ne peut pas concevoir d'effet sans cause, et qui se contente souvent d'un mot qui cache son ignorance. L'inconscient est un grand mot de ce genre. destiné à expliquer un mystère par un mystère plus grand encore, celui d'une force qui veut et connaît sans avoir conscience d'elle-même. La main qui joue et les touches d'un piano n'ont pas la conscience des sons qu'elles déterminent, ni les cordes de ceux qu'elles rendent. La conscience des sons, elle, est en dehors de l'instrument, dans les oreilles qui entendent et surtout dans la volonté intelligente qui exécute ou improvise. Pour nous l'Inconscient n'est rien s'il n'est pas lui-même conscient et intelligent, ou tout au moins la délégation ou l'instrument d'une conscience et d'une intelligence.

En lisant ce livre étrange de l'Inconscient, où tous les ressorts de la vie sont admirablement analysés, on accordera à l'auteur que les phénomèmes indépendants de la volonté consciente ont une importance immense dans les êtres qui n'ont plus qu'à se laisser vivre. Tous ceux qui ne voient dans l'organisme qu'un pur mécanisme, rejeteront cette intervention métaphysique, mais ceux qui pensent ne pouvoir tout expliquer par le mécanisme seul donneront une conscience à cet Inconscient, agissant dans l'œuf, dans l'instinct, dans la conservation, dans la réparation, dans la reproduction de l'être vivant, animal ou plante. Ils salueront en lui l'intelligence divine, au lieu de ce chien d'aveugle, guide inconscient d'un impotent qui à la conscience de son infirmité, tandis que l'autre n'a pas celle de sa clairvoyance,

C'est dans l'œuf surtout que les causes secondes, expliquant son évolution, nous font défaut, c'est dans l'œuf surtout que nous sentons, à la source de l'être, le besoin d'une direction conservatrice toujours agissante. Le philosophe allemand dont nous venons de parler, quand il écrit ces lignes qui résument en quelque sorte tout son système, se rapproche de nous ; « La doctrine chrétienne soutient que l'action divine n'est pas seulement le gouvernement général et en gros du monde ; mais que la grandeur infinie de Dieu se révèle et se fait surtout admirer en ce qu'il est partout présent et agissant jusque dans les plus petits détails des choses. *Nos vues sur la vie organique sont absolument conformes à cette doctrine.* »

L'INVOLUTION

Ce n'est pas à notre époque seulement que l'œuf a sollicité les réflexions de la science et de la philosophie, à toutes les périodes il a été le tourment des penseurs.

Cet œuf inerte et silencieux qui n'est pas un être, peut-il renfermer en puissance l'être tout entier, la structure la plus compliquée, les formes les plus belles, les détails les plus merveilleux, les instincts les plus subtils et les plus variés, les marques distinctives de la classe, du genre, de l'espèce, de la race même ; les énergies spéciales, les aptitudes diverses, le tempéramment ou les tendances qui élèvent ou abaissent le type, la quantité de vie, la fécondité, les idiosyncrasies des géniteurs? La substance de l'œuf, identique de l'oiseau-mouche à l'autruche, de la grenouille au caïman, serait-elle donc imprégnée de ce parfum d'hérédité qui n'est passible ni du creuset ni du scalpel? L'antiquité ne crut point à ce prodige qui faisait de chaque œuf le théâtre d'un miracle égal à celui de l'origine de l'être. Comme il arrive toujours, pour échapper au merveilleux à dose fonctionnée, il fallait concevoir un merveilleux en masse qui, une fois admis, laisserait au moins l'esprit en repos après ce vigoureux effort. De là cette pensée que le Créateur, en formant le premier individu de chaque espèce, avait réuni en lui tous les germes des individus qui devaient en provenir de génération en génération dans la suite des temps. Ainsi le premier œuf d'autruche, avait contenu, non-seulement le germe de la seconde autruche, mais emboîtés les uns dans les autres, les germes de toutes les autruches qui devaient peupler les plaines de l'Afrique.

Cette doctrine de la préformation de l'animal dans l'œuf supprime on le conçoit toute difficulté, l'œuf n'est plus cet objet étrange, ce rien du tout qui devient un être ; cette cellule obscure qui n'est ni la plus noble ni la plus essentielle par son origine, et qui d'autorité répond pour l'être tout entier dont elle émane, et semble avoir reçu sa délégation plénière. L'œuf n'est plus un devenir, il est réellement l'étape déterminée d'une évolution dans une route inflexible tracée d'avance. On comprend l'invariabilité des types qui ont ainsi reçu dès l'origine une marque indélébile. L'objection faite à la petitesse nécessaire de ces germes contenus les uns dans les autres n'est rien, il n'y a ni grandeur, ni petitesse entre deux infinis. Dans chaque œuf existe un être achevé et complet. La phase embryogénique n'a d'autre effet que son amplification.

Leibnitz a soutenu cette hypothèse renouvelée d'Aristote, et lui a donné l'autorité de son nom. Charles Bonnet la fit sortir du domaine de la philosophie pure et dans ses considérations sur les corps organisés l'appliqua à l'histoire naturelle. On comprend la séduction exercée par une théorie qui supprimait le grand mystère de l'œuf. Les partisans d'une puissance créatrice admirent facilement que l'ouvrier suprême avait pu faire tenir tous les germes d'un être et de sa descendance dans un œuf primitif, et les adeptes des forces naturelles ne furent pas fâchés de voir reléguer dans le passé le plus lointain, et dans les obscurités des origines, ce cauchemar de l'œuf dont toutes les ressources de l'expérimentation, ou les subtilités matérialistes ne pouvaient leur faire pénétrer le mystère.

SYSTÈME DES MOLLÉCULES ORGANIQUES

Pour expliquer la transmission totale des virtualités d'un être à un autre par l'intermédiaire d'une substance informe, Buffon imagina le système des *molécules organiques*. Les êtres vivants étaient construits de ces molécules organiques indestructibles, semées dans l'univers par la main du Créateur. Tantôt libres, tantôt engagées dans les édifices organiques; les premières pénétraient sans cesse dans les animaux pour les besoins de leur nutrition et de leur accroissement, elles venaient à des places marquées, y prenaient des figures diverses pour des rôles différents. Ces mêmes molécules, quand l'être était achevé, pouvaient, en certain nombre, se réunir de toutes les parties du corps en un certain lieu, pour y constituer comme une représentation en miniature de l'être tout entier, et constituer ainsi l'ovule primordial. L'œuf renfermait ce groupement de molécules, et la théorie le transformait ainsi en une sorte de chambre des représentants, où chaque molécule apportait les tendances, les besoins, le tempérament du département, du canton, de la commune même de l'organisme dont elle était le délégué. Le mystère de l'œuf était éclairci, toutes les puissances de l'être s'y trouvaient représentées par des délégations particulières, dont le consensus et le groupement harmonique devaient constituer l'unité nouvelle en formation dans l'œuf.

Les expériences de Flourens sur les métis et les hybrides ont renversé la théorie de la préformation ou de l'emboîtement des germes. Les hybrides présentent en effet des caractères communs au père et à la mère d'espèces différentes, et ne permettent pas d'admettre chez les mères la préformation arrêtée des jeunes auxquels elles donneront le jour.

Quant à la théorie des molécules organiques, les expériences de Flourens sur la rénovation continue de la substance constitutive des os l'infirment également. On sait d'ailleurs que des parents privés de tel ou tel partie de leur être peuvent avoir des fils complets. La délégation dans l'œuf de toutes les parties de l'être n'est donc pas nécessaire à la rénovation intégrale de l'être.

L'EPIGÉNÈSE

Il fallut renoncer a ces hypothèses qui ne reposaient d'ailleurs sur aucun fait expérimental. Harvey, en 1631, dans son traité — *de generatione animalium* — après avoir émis sa formule célèbre « *omne vivum ex ovo* » combattit l'opinion qui voyait un germe, un animal en raccourci dans l'œuf. Il soutint que les divers systèmes d'organes non seulement se montrent mais se forment de toutes pièces et successivement au sein d'une matière organisable homogène, et finissent ainsi par constituer l'ensemble de l'individu nouveau.

En entendant Harvey raconter la formation de l'être dans l'œuf, on croirait lire une page de la Genèse : « La masse du corps est homogène au début ; elle apparaît comme une gelée séminale ; c'est en elle que toutes les parties s'ébauchent, d'abord par une division obscure, puis que ces organes apparaissent et se distinguent... Il semble que le poulet entier se crée par un ordre ou par une parole de l'ouvrier divin. Qu'il se fasse une masse blanche homogène, qu'elle se divise en parties, tout en s'accroissant ; qu'il se fasse pendant cet accroissement une séparation et une ébauche des parties, que telle partie devienne plus dure et en même temps plus épaisse, que telle autre devienne plus molle et plus colorée. Et il fût fait ainsi. C'est de cette façon que chaque jour le poulet se crée dans l'œuf. »

Needham, Blumembach se rangèrent à l'opinion de Harvey, et Gaspard Wolf, en 1774, la confirma de tout point par l'étude de l'embryogénée du poulet. Ce fût la théorie de l'Epigenèse, qui se résume ainsi : le développement de chaque organisme s'effectue par une série de formations nouvelles, ni dans l'œuf, ni dans les spermatozoaires, il n'existe la moindre trace des formes définitives de l'organisme.

L'œuf ne contient donc pas un être tout formé, mais les matériaux d'un être, comme le bloc de marbre renferme la statue qui se dresse déjà dans l'imagination de l'artiste, comme la masse d'argile renferme l'objet d'art que le potier va figurer.

Ce qui rend l'œuf un objet étrange, c'est qu'il a la vie sans être cependant un être. Pour nous, la vie n'est pas séparable d'une figure vivante, animal ou plante. La queue d'un lézard, qui remue encore après séparation, le cœur d'un squale, qui se dilate et se contracte hors du corps de l'animal, sont des formes vivantes, tandis que sous la coque minérale impassible de cet œuf, je vois une substance sans forme, et figurée seulement élémentairement s'y rencontre de l'albumine, de la graisse et du glycogène rapprochés ou mêlés, arrangés tout au plus comme le quartz, le feldspath et le mica sont rapprochés, mêlés dans le granit, et cependant la vie est là, il y a là les éléments de la substance nerveuse d'un être qui sent, qui pense déjà peut-être ! Oh ! les pensées d'un œuf, je les crois empreintes d'une profonde philosophie. Ce ne sont pas les pensées d'un conspirateur ; elles doivent être pacifiques, à moins que l'albumine ait des opinions différentes de celles du glycogène !

Avec la théorie de l'Epigénèse, il faut bien reconnaître que si la vie ne commence pas à chaque nouvel individu, mais *se continue*, comme le disait Flourens, il y a cependant interruption entre le géniteur de l'œuf et l'être qui en sortira. Il n'y a plus de figure d'être et si les géniteurs avaient disparu sans que nulle mémoire en ait gardé le souvenir, aucun génie humain ne pourvoit à l'arrangement des matériaux de cet œuf, en déduire la figure de l'être qui en sortira, ni même celle du genre ou de la famille à laquelle il appartiendra.

L'œuf transmet d'un être à l'autre la vie force commune identique dans tous les êtres et qui, suivant les espèces, élève la substance à des types divers au-dessus des phénoménalités du monde organique.

LA PANGENÈSE

L'expérience a vainement fait entendre sa voix en formulant la doctrine de l'Epigénèse, elle ne satisfait personne. L'œuf garde son mystère. « La concentration des caractères d'un organisme » et le *ferment séminal* des uns, le *souvenir volutif* des autres, ne semblent pas une explication. Chose étrange, plutôt que de se résigner à ignorer et à passer outre devant ce muet incompréhensible, l'œuf, l'esprit préfère appeler à son secours les hypothèses, et rouler encore plus loin ce rocher de Sisyphe qui s'écrase.

Voici Darvin lui-même, arrêté devant ce myrmidon colossal. Sa grande intelligence le scrute; sans doute, une conception nouvelle va sortir de ce solennel examen; c'est la doctrine des molécules organiques de Buffon, réhabillée sous le nom pompeux de Pangenèse.

Dans cet œuf se sont réunies des particules vivantes provenant de toutes les cellules du corps de l'individu qui l'a produit, et même de tous les ancêtres de cet individu. Pauvre esprit humain, quelle soif de connaître a-t-il donc pour se payer de pareilles chimères, et quel rayonnemen que celui du génie pour arriver à l'éblouir sur leur valeur. Le maître l'a dit, cela suffit. Un pont est jeté sur un abîme insondable. La crédulité humaine n'a pas de limites !

Nous voici donc de nouveau devant cet œuf, véritable chambre de députés à mandat impératif. Des millions de plastidules chargées des ordres ou des virtualités de millions de cellules viennent sans guide se ranger les unes à côté des autres dans l'édifice nouveau, sans se mêler entre elles, mais en se mêlant aux plastidules représentant tous les ancêtres de l'être. A quoi bon ces plastidules déléguées des ancêtres, croissant en nombre, de génération en génération, avalanche vivante qui croît en substance sans se développer en volume, et laisse à l'œuf de baleine ou de ver à soie qui les contient, les mêmes étendues d'une génération à l'autre. Voici le *muge* à grosses lèvres qui pond 13 millions d'œufs, il faut que chaque cellule de ce poisson détache, sans s'épuiser, 13 millions de plastidules, et recommence ainsi chaque année de sa durée. Cette mouche domestique qui, en trois mois, pond plus de 700,000 œufs, devra donc aussi déléguer de chacune des cellules de son petit corps 700,000 représentants pour chacun de ces œufs.

Dans une année un couple de pucerons peut être, d'après Morren, la souche d'un quintillion d'individus. Chaque cellule de puceron doit donc fournir pour la descendance d'une année un quintillion de plastidules d'ancêtre. Comme le couple souche ignore qu'une partie de sa descendance va périr sans produire, l'émission des plastidules d'ancêtre doit être calculée sur la fécondité physiologique absolue, pour la durée des siècles réservée à la forme puceron, et même si on est transformiste, aux formes qui pourront en dériver. Si toute cette lignée descend elle-même d'une monère primitive, cette monère a dû transmettre au moins autant de plastidules d'ancêtre, qu'il y a eu d'individus dans chaque forme de vie, et qu'il y en aura à perpétuité jusqu'à la fin de la vie elle-même sur le globe. Il faut avouer que la plastidule de la monère primitive destinée à chaque éléphant, à chaque baleine, sera bien diluée. Quelle homéopathie physiologique! Oh! les exigences du transformisme! Il ne faut pas un grand effort pour dire, avec M. Ed. Perrier, de cette Pangenèse de Darwin : « Malheureusement dans les phénomènes de formation de l'œuf, on n'entrevoit rien qui autorise à le considérer ainsi comme le rendez-vous de particules venues de toutes les régions du corps. » Pour se passer du vrai, l'absurde est nécessaire, et le mystère de l'œuf a pu troubler assez l'un des plus solides esprits scientifiques de ce temps, pour le faire tomber dans une rêverie incompréhensible, à laquelle nous préférons encore le *souvenir évolutif* de Claude Bernard.

Dans une conférence, faite devant les médecins militaires Allemands sur les résultats de *l'exercice*, M. Du Bois-Reymond avoue que la Pangenèse de Darwin ne saurait suffire pour expliquer le mystère de l'œuf, c'est-à-dire la transmission des caractères spécifiques ou acquis. Certes, dit-il, on peut concevoir que les dyscrasies des parents se communiquent par le sang aux germes contenus dans l'ovaire, mais les habitudes intellectuelles localisées dans telle ou telle partie du cerveau, ne peuvent changer en rien la composition du sang, comment pourront-elles inculquer à l'œuf telle ou telle modalité, puis passer de cet œuf chez l'homme ou l'animal issu de cet œuf. La Pangenèse voudrait bien expliquer cela ; mais, nous l'avons vu, elle est impuissante à le faire ; allons donc plus loin.

PÉRIGÉNÈSE

Haeckel, l'un des disciples les plus éminents de Darwin, n'a pas été séduit par la Pangenèse de son maître. Il vient au secours de la perplexité générale que soulève le mystère de l'œuf, avec une nouvelle doctrine, la Périgénèse.

Il n'y a plus dans l'œuf que les éléments venant de l'individu qui lui donne puissance, mais ces éléments ou plastidules sont animés d'un mouvement ondulatoire qu'ils tiennent eux-mêmes des ancêtres, ou qu'ils ont acquis et qu'ils vont communiquer à la descendance. Ce sont les mouvements qui sont ici les véhicules des virtualités. Tout ne serait qu'ondulation dans l'œuf. Dans l'œuf de requin et dans l'œuf de serpent, c'est bien la même substance, du glycogène, de l'albumine, un corps gras. seulement les atomes de ces substances ondulent différemment. Mais l'ondulation, le mouvement vibratoire, conçus par Haeckel, ne sont pas l'ondulation et le mouvement vibratoire d'où les corps tirent leurs propriétés, couleur, chaleur, etc., et par conséquent, leur nature propre, d'albumine, de glycogène, etc. C'est une ondulation nouvelle, une ondulation physiologique ou organique, qui coéxiste avec la première, et qui suffit à faire de la même subtance, ici du requin, et là du serpent. C'est très beau comme théorie, et cela séduit comme séduisent l'atome et l'éther, faute d'autre chose, mais que d'objections et de difficultés quand on veut aller au fond des choses. Qu'il y ait dans l'être un mode ondulatoire qui soit la résultante d'ondulations particulières ou acquises de chaque cellule, je le veux bien ; que deux êtres de même espèce vibrent ainsi à l'unisson, soit, mais qu'à l'ondulation physique propre à telle substance, oxyigène, hydrogène, albumine ou glycogène, se superpose un autre mode ondulatoire qui arrange, ordonne, dirige, cela est difficile à concevoir. Voici l'oursin, être admirable, composé de trentre à quarante mille pièces, percé de milliers d'ouvertures ambulucaires, armé de milliers de piquants mobiles. Il ondule, il a un mouvement vibratoire propre à cette machine compliquée ; des milliers d'œufs microscopiques se forment sous sa voûte arrondie, et s'en vont dans la mer, emportant, je le veux bien, le mouvement ondulatoire de l'oursin fécond Mais ce mouvement, au lieu de produire un oursin dans cet œuf, agira sur ses matériaux de telle sorte qu'il va en sortir une larve étrange, n'ayant rien de la forme de l'oursin, et cette larve, qui ressemble à une pendule ou à un chevalet, c'est elle qui va communiquer son mouvement vibratoire à un nouvel organisme qui, cette fois, sera l'oursin. Une lame de cuivre a son mouvement ondulatoire, comme cuivre. Elle peut recevoir d'un archet un autre mode ondulatoire qui fera prendre telle ou telle figure à du sable fin étendu sur sa surface ; mais ce mouvement n'est pas dans la plaque de cuivre ; il a été communiqué et cesse promptement. La monère primitive avait-elle aussi son mouvement comme substance et comme organisme spécial, d'où venait ce dernier ? Peu importe. Pour devenir éponge, écrevisse ou turbot, cette monère a dû, comme la plaque de cuivre, superposer d'autres vibrations à celles qui lui étaient propres ; mais ces vibrations communiquées se superposant aux vibrations constitutives ne peuvent avoir qu'une éphémère durée et se dissiper dans le milieu ambiant.

Comment encore comprendre ce mouvement communiqué à la substance de l'œuf quand celui-ci sommeille, et attend des années son réveil d'autres influences. En résumé *la périgénèse* n'a pas encore la clef du mystère de l'œuf, et nous prêtons en vain l'oreille à cette mélodie intérieure, qui signifierait, si nous pouvions la percevoir, autruche, requin, serpent ou sangsue, suivant son mode ou son rythme.

LE TÉMOIN ANCESTRAL

Parmi les embryogénistes, qui méritent le mieux d'être écoutés, il en est un dont l'autorité ne sera discutée par personne. Il a étudié l'œuf sous toutes ses faces, et en a scruté les secrets et les merveilles avec un art profond. Pour lui aussi, la transmission des caractères et des virtualités d'un être par une substance neutre, la concentration sans cesse renouvelée dans son œuf de tout ce qui en faisait un type spécial, et la réédification de ce type à l'aide de matériaux ordinaires, sous l'influence de l'air et de la chaleur, tout cela semble échapper aux lois de causalité ordinaire. Nous avons nommé M. Balbiani.

Tout ovule primordial naît de même d'une cellule épithéliale préexistante, et sa constitution en tant que masse protoplasmique pourvue d'un noyau, constitue un fait applicable à tous les animaux dans toute l'étendue de la série. Pourquoi cette cellule si simple et partout identique, jouirait-elle de la faculté de procréer par une suite de modifications dans les résultats ou les allures de sa prolifération, des formes spécifiques les plus complexes et les plus différentes. On le voit, c'est toujours le même problème, le même mystère. M. Balbiani va-t-il le résoudre à son tour? Pour lui l'œuf n'est pas un simple élément anatomique, c'est déjà un organisme : il est constitué par l'union ou la conjugaison de deux éléments, l'un jouant le rôle d'élément mâle, l'autre le rôle d'élément femelle; ces deux corps, dont l'union constitue l'ovule, sont d'une part, la *vésicule germinative* avec son protoplasma, d'autre part la *cellule embryogène* ou *androblaste*. Ce dernier ne serait pas un produit de l'organisme maternel déjà constitué, mais il existerait déjà dans l'œuf d'où sort cet organisme maternel. Il y aurait donc dans l'œuf de la mère, un élément essentiel de l'œuf du rejeton. Cet élément ovulaire se transmet, persiste, non plus comme un organe appartenant à l'individu qui en est porteur, mais comme un élément appartenant à l'ancêtre, et qui dans l'économie de l'être actuel constituerait un véritable parasite atavique. (Cl. Bernard. *Phénomènes de la vie.* I. t., p. 311.) Ainsi l'œuf d'où sort le petit-fils, renferme un élément qui provient de l'œuf d'où le fils est sorti, et l'œuf d'où est sorti le fils renfermait un élément qui était déjà contenu dans l'œuf de sa mère, avant tout développement embryonaire. Chaque œuf, outre les éléments dus à l'organisme maternel contiendrait un élément essentiel des œufs des générations précédentes, élément spécifique et non individuel.

Si nous comprenons bien, cet élément ancestral jouerait dans l'œuf un rôle d'ordre. Ce serait comme un espèce de commissaire de surveillance administrative dans une gare, commissaire auquel appartient la mission de rappeler sans cesse à l'exécution du règlement et du cahier des charges. Dans l'œuf ce fonctionnaire incorruptible maintient le type dans des lignes inflexibles, et s'oppose à tout écart, à toute fantaisie qui feraient dévier l'espèce. L'œuf n'est-il pas lui-même une sorte de gare, placée de distance en distance sur la continuité d'un type, comme les gares de chemin de fer le sont sur la continuité d'une ligne. C'est dans l'œuf, comme dans les gares, que le mouvement se ralentit pour reprendre ensuite; c'est dans l'œuf, que les éléments matériels de l'être se réunissent et se réorganisent, comme dans les gares les éléments des trains se concentrent et se renouvellent.

Cette ingénieuse et élégante théorie, rappelle bien un peu celle de l'emboîtement ou involution des germes, et est parente de la pangenèse de Darwin. On la comprendrait si chaque individu pondait un seul œuf, et transmettait ainsi l'éternel témoin de l'organisation, l'éternel modèle sur lequel l'édifice doit être construit. Mais l'individu *mouche* par exemple, qui en trois mois pond 700.000 œufs, doit donc être à même de livrer au moins à chacun d'eux outre les matériaux ordinaires un élément spécifique. A-t-il reçu lui-même un seul élément spécifique, où en a-t-il reçu 700.000? Dans le premier cas, cet élément spécifique, ce témoin ancestral, devrait se partager en 700.000 parties. Mais comme de chacun, où d'un très grand nombre de ces 700.000 œufs, il sortira un nouvel individu capable lui-même de pondre 700.000 œufs, le $\frac{1}{700.000}$ de témoin qui est dans chacun d'eux devra encore subir une partition en 700.000 parties. On voit donc à quelle dilution des particules ancestrales on arrive dès la troisième génération seulement. Nous le répétons, c'est de l'homéopathie physiologique. S'il faut renoncer à la partition des témoins ou éléments spécifiques, on est obligé d'admettre alors que la première mouche domestique contint en elle autant de ces plastidules spécifiques qu'elle devait compter d'individus dans sa descendance. En réduisant à la petitesse d'un atome la taille de ces plastidules, la mouche mère ne pouvait en contenir un nombre infini, et si sa descendance doit prendre fin quand les plastidules seront épuisées, on comprend que la fécondité aille en diminuant jusqu'à extinction de l'espèce. Ainsi, soit par épuisement des plastitudes ancestrales, soit par leur dilution à l'infini, l'espèce trouve peut-être là, les raisons de sa décadence d'abord, de sa fin ensuite.

La transmission des parasites ataviques serait-elle prou vée, qu'il resterait encore à se rendre compte de la façon dont elle peut agir pour conserver au type son caractère. La première pierre d'un édifice régit-elle son économie. Le premier morceau de la quille d'un bâtiment qu'on met en chantier, nous dit-il si le navire sera brick ou trois-mâts? Le mystère de l'œuf n'est donc point éclairci, et cette tentative nouvelle, nous montre de nouveau aussi que la science est réellement aux prises avec une de ces merveilles qui défient toute sagacité d'interprétation, et les moyens d'investigation qui sont à notre disposition. L'imagination même, chose bien remarquable, quand elle veut donner de cette transmission des caractères de l'être une explication matérielle, l'imagination ne trouve rien d'acceptable par le raisonnement.

Certes la substance de l'œuf est imprégnée de quelque chose. Il y a une constitution matérielle, mais aussi ce que M. C. Dareste nomme avec tant de raison une *constitution immatérielle*, qui ne se pèse, ni ne se touche, ni ne se voit. C'est la *substance une et indéterminée* de Milne Edwards, c'est *l'âme animale* ou *végétale* de M. de Quatrefages. C'est encore, ce je ne sais quoi de distinct de la matière dont le siège, dit M. Ed. Perrier, ne peut être que dans ce merveilleux Ether des physiciens, qui relie entre eux tous les phénomènes de l'univers. Admettre, dit-il, une âme végétale ou animale, admettre dans tout corps vivant une *substance immatérielle*, revient donc à admettre que l'éther est aussi l'instrument de l'unité caractéristique des corps vivants. « Ce n'est encore là qu'une hypothèse sans preuves, » ajoute-t-il mélancoliquement, elle dispense au moins d'imaginer l'existence des plastidules voyageant mystérieusement vers l'œuf, et elle permet de concevoir les phénomènes de l'hérédité.

Je ne sais si beaucoup de physiologistes trouveront dans cet *Ether merveilleux*, l'anesthésie du problème qui les tourmente, je le désire. Pour moi j'avoue que la pensée de cet agent subtil, transmettant au protoplasma de l'œuf, qui les reçoit et les emmagasine, des facultés héréditaires, n'a rien d'entraînant. Si je ne puis m'en tirer que par des hypothèses, laissez-moi croire que c'est le souffle créateur qui gonfle encore les voiles de l'espèce, et d'œuf en œuf dirige son évolution dans un plan fixe et déterminé. C'est aussi philosophique, c'est plus simple, et beaucoup moins miraculeux.

L'ŒUF ET LA CRÉATION DES MONSTRES

Si la transmission régulière des types et de leurs caractères par le moyen de l'œuf s'impose à l'esprit comme un fait d'expérience, et si des explications en ont été demandées aux quatre vents de l'hypothèse, il y a, sur le terrain des recherches posivistes dont l'œuf a été le sujet, des résultats qui viennent encore confirmer ce grand fait, et lui donner une autorité nouvelle.

Geoffroy Saint-Hilaire avait conçu la pensée de faire dévier le mouvement évolutif de l'œuf pour obtenir des monstruosités, mais au-delà de la tératologie proprement dite, il entrevoyait la possibilité de remonter peut-être aux formes primitives, aux formes perdues, où à des dérivations étranges et fantastiques. « J'avais pensé, écrivait-il, que quelques expériences de physiologie pouvaient être entreprises au profit de questions de géologie antédiluvienne..... je cherchais à entraîner l'organisation dans des voies insolites. » Efforts inutiles, le génie de l'un des plus grands naturalistes de notre âge vint se briser contre cette pierre angulaire de la permanence de l'espèce, et ce fut encore dans l'œuf que fut jugée cette grande doctrine si combattue de nos jours.

M. Camille Dareste lui aussi, s'est fait tourmenteur d'œufs. Sans avoir la prétention de remonter au ptérodactyle, il pensait arriver à la production de races, et soulever les voiles des procédés de transformation.

La pensée de se substituer à l'idée directrice de l'évolution et d'engager ainsi l'organisation dans des voies insolites était pleine d'audace, mais aussi d'irréflexion. Tous les œufs ne sont pas, il s'en faut, destinés à être couvés, le plus grand nombre après le choix du lieu pour la ponte, ou même sans ce choix, est livré à tous les hasards. Ils subissent tous les appels des conditions extérieures infiniment variables, mais ne répondent qu'à quelques-uns seulement. Que serait devenue la vie, quel désordre dans les formes et dans les types, si tous les accidents extérieurs avaient engagé l'organisation dans des voies nouvelles ! Il n'y aurait plus existé au bout d'un certain temps deux êtres pareils, et la fantaisie la plus déréglée eut éclaté dans les rangs pressés des êtres. Je ne veux pas dire qu'il y ait des vibrations extérieures incapables de retentir au dedans de l'œuf, elles y retentissent toutes, mais celles qui ne sont pas en harmonie avec l'organisme dont elles sont appelées à favoriser l'évolution, celles-là sont inutiles ou fatales, et si l'organisation est entraînée dans des voies insolites, il en résulte des formes non viables qui succombent avant l'éclosion.

Croire à un résultat différent dans cette voie, c'était admettre que la plastidule de l'œuf était une substance plastique malléable à volonté, n'emportant aucun souvenir, aucune virtualité de ses géniteurs, et pouvant devenir table ou cuvette. C'était croire à l'influence organisatrice des forces inorganiques, c'était penser qu'elles peuvent ordonner, ranger, régulariser, car il n'y a pas de forme vivante, si simple, ou n'éclate un certain ordre. A quel degré de chaleur, à quelle dose d'oxygène, correspondait le type rayonné, le type bilatéral; allait-on à l'aide de couveuses perfectionnées faire sortir un loriot d'un œuf de merle, un serpent d'un œuf de poule, un hanneton d'nn œuf d'abeille, un colibri d'un œuf de lézard? C'était en un mot croire au désordre dans le monde, que de penser que l'inintelligent et l'aveugle allaient créer ces rapports qui éclatent entre les parties, et adaptent leurs fonctions à des buts déterminés. C'était croire, enfin, que la sagacité humaine se substituant aux hasards qui, d'après les doctrines courantes, avaient tout élaboré jusqu'ici, allait enfin réaliser du dehors des merveilles inattendues, infiniment supérieures à celles qui dans la série des âges avaient peuplé la terre, et la peuplaient encore.

Quel rêve grandiose en présence de cet œuf paisible et immobile! Quelle fée des contes de Perrault eut au bout de sa baguette plus de magie et de puissance!

On sait quelle fut la réponse de l'œuf : admirable, étonnante, et telle qu'on put dire une fois de plus que la croyance en une intelligence suprême et directrice, n'a rien à redouter des progrès de la science.

La déviation tératologique est excessivement rare comparativement à l'évolution normale, et la science tératologique n'existerait pas si elle n'avait pas *créé son objet en agissant sur l'œuf.*

L'idée de la préexistence des germes avait longtemps arrêté toute recherche embryogènique, mais on fut obligé de reconnaître, après les tentatives dont nous parlions plus haut, que si l'être n'est pas tout formé dans l'œuf, son devenir n'y est pas moins arrêté d'avance, et que le travail évolutif s'y accomplit suivant une direction certaine, dont les procédés nous échappent. Les dérogations au résultat de l'évolution ne donnent pas des types nouveaux, *mais des monstruosités nouvelles.*

L'embryon évolue dans l'œuf sous l'influence d'impulsions extérieures et intérieures, il est lié au monde vivant par des lois de succession, au monde inorganique par certaines conditions. Nous ne pouvons l'arracher à son type évolutif, mais en modifiant les conditions extérieures on peut le troubler, l'arrêter, le tuer, rien de plus.

Les expériences de M. C. Dareste ont eu l'œuf de poulet pour objectif. Cet œuf a été le patient de ces vivisections d'un nouveau genre, et l'on peut dire qu'il s'est admirablement comporté dans ces circonstances, et que ses réponses, ou son silence, ont été admirables. Jamais ce pauvre martyr ne s'est démenti, jamais il n'a renié sa foi..... de poulet, il est resté poulet quand même, poulet *for ever.*

Les instruments de supplice les voici : l'évolution de l'œuf, avons nous dit, est sous la dépendance de lois morphologiques, mais ces lois morphologiques ont besoin pour leur application et les manifestations qui s'en suivent de certaines conditions extérieures. Comme la graine, l'œuf ne germe que sous l'influence de la chaleur, d'un certain degré propre à chaque espèce, il lui faut aussi l'action de l'air, que sa coquille poreuse laisse arriver jusqu'à lui, enfin l'œuf par sa conformation même, reçoit ces influences dans une certaine attitude, couché et non dressé sur le petit ou le gros bout.

C'est en modifiant ces conditions extérieures, que les tourmenteurs d'œufs espérèrent peut-être produire une grenouille dans l'œuf du poulet, ou tout au moins quelque chose de moins difficile à réaliser, mais de plus fantastique. Pour M. C. Dareste, il espérait des modifications heureuses, des races nouvelles, des types plus parfaits, sans sortir cependant de la forme *poulet*.

Pour y arriver l'habile et ingénieux expérimentateur (Voyez *Recherches sur la reproduction artificielle des monstruosités*, par C. Dareste, C Reinwald, Paris) mit en œuvre les artifices suivants :

1° La position verticale des œufs; 2° l'application partielle sur la coquille d'une substance imperméable à l'air; 3° l'évolution à des températures supérieures ou un peu inférieures à la température de l'incubation normale ; 4° l'échauffement inégal de l'œuf.

On comprend qu'il ne fallait pas demander à la poule de se prêter à ces expériences, l'emploi de couveuses artificielles connues et employées dès la plus haute antiquité permettait de les réaliser. D'autres ont essayé les courants électriques, la rotation continue, la présence d'un aimant.

La position verticale de l'œuf a pour résultat le déplacement du jaune, et la disposition de l'embryon qui se produit dans le blastoderme, dans des conditions bien différentes de celles qui résultent de la position normale horizontale. Dans l'incubation normale le jeune poulet au moment de son achèvement, ayant la tête tournée vers le gros bout, peut se mettre en communication avec un petit réservoir d'air qui s'y trouve, respirer, et prendre ainsi des forces pour briser sa coquille. Quand l'œuf est couvé verticalement, il arrive souvent qu'il n'en résulte aucun accident pour le poulet, mais fréquemment il ne peut éclore. En résultat, cette dérogation à la règle n'a pas de suites bien marquées, bien qu'il puisse être extrêmement désagréable pour le jeune poulet de croître la tête en bas, au lieu de reposer horizontalement dans son berceau. Les monstruosités produites ainsi ont été fort rares.

L'œuf respire comme l'adulte, et un embryon absorbe l'oxigène de l'air et restitue de l'acide carbonique. Cette combustion respiratoire diminue son poids. D'autre part, l'œuf perd aussi de son poids par suite d'une sorte de transpiration. L'application de vernis à la surface de la coquille, venant mettre obstacle à cet échange de substances entre l'œuf et l'air, pouvait apporter des modifications profondes à l'évolution de l'embryon. Eh bien! le résultat n'eût rien d'extraordinaire. L'animal terrestre que vous jetez à l'eau ne se change pas en poisson, il meurt; l'embryon du poulet qui respire dans l'œuf, succombe à l'asphyxie quand on le prive d'air. Il est arrêté dans son développement parce qu'il périt, et non pour une autre cause. C'est d'une simplicité qui permettait de prévoir le résultat.

Restaient donc les applications des températures différentes de celles que reçoit l'œuf dans l'incubation normale. En dehors même de l'évolution, tous les êtres sont adaptés à des températures moyennes en dehors desquelles ils peuvent souffrir ou succomber. On pouvait donc s'attendre à de pareils résultats chez l'œuf. De plus l'évolution commençant et se continuant sous l'influence de certaines températures, on pouvait également prévoir qu'il se produirait dans l'œuf, artificiellement couvé, des absences ou des arrêts d'évolution fatals au jeune poulet. Des températures peu différentes des températures normales, pouvaient seules engager l'évolution dans des voies anormales. C'est ce qui a eu lieu, et c'est dans ces conditions seulement, comme dans les applications inégales de la température, que le jeune être a été affecté dans sa constitution organique.

Il ne faut pas cependant s'attendre à voir sortir de l'œuf ainsi torturé un être fantastique, hippogriffe ou chimère, hélas ! non : il en sortira un poulet plus ou moins incomplet, par absence ou arrêt de développement, ou plus ou moins affligé par des soudures de parties similaires résultant au contraire, peut-être d'un développement hâtif.

Elles sont nombreuses ces perturbations apportées dans l'œuf par arrêt de développement, soudures, ou par les maladies organiques provoquées. La pro-encéphalie ou hernie des hémisphères cérébraux ; la célosomie ou hernie congénitale des viscères, déterminés par le défaut de formation des parois thoraciques et abdominales ; la gémellité du cœur ; l'absence du cœur ou anidie ; l'omphalocéphalie ou hernie ombilicale de la tête ; l'hydropisie de l'embryon déterminée par la diminution des globules du sang et ses désordres consécutifs ; l'hétérotaxie, inversion des viscères ; la triocéphalie, absence de tête ; la cyclopie, absence d'un œil ; l'anencéphalie, absence de cerveau ; l'ectromélie, absence de pattes ou d'ailes ; la symélie ou soudure des membres postérieurs.

Voilà à quoi aboutissent dans l'œuf du poulet les tentatives pour faire dévier l'être de son type normal. Ces expériences ont une immense portée, et les conséquences théoriques qui en découlent sont infiniment précieuses.

Si encore ces poulets, troublés dans leur évolution, pouvaient vivre et se reproduire, ils constitueraient au moins des étrangetés capables d'exciter la curiosité publique. Mais non, ces monstres ne sont pas viables, M. C. Dareste constate que les incubations anormales ont toutes pour effet la diminution rapide des globules du sang, et l'anémie grave de l'embryon. La mort rapide de l'organisme en est la conséquence fatale. Toute atteinte portée aux conditions naturelles de l'évolution a ces conséquences.

Et, d'ailleurs, comment vivrait un poulet sans tête ou sans pattes? Un poulet éventré, traînant ses viscères, pourrait-il subsister? Un poulet cyclope ou sans cervelle ne serait-il pas incapable d'accomplir les actes nécessaires à son existence? L'expérience ne l'a pas démontré puisque presque toujours les poulets monstrueux succombent avant l'éclosion, mais il est permis de le supposer. Affirmons-le, les êtres ont été créés parfaits pour le milieu et les conditions d'existence dans lesquels ils sont placés. Rêver pour eux des modifications avantageuses, c'est une chimère. Toute modification les tue, même dans l'œuf, avant même qu'ils ne soient descendus sur le champ de bataille de la vie.

Ainsi voilà l'être, pris au moment où il n'est qu'en puissance dans une substance informe, qui refuse de se laisser pétrir par l'industrie humaine, ou les conditions anormales. Si jamais il était permis d'engager la vie dans des voies nouvelles, c'était bien le cas. La nature n'arrivera jamais à placer les œufs dans les conditions expérimentales auxquelles le physiologiste peut les soumettre, à les mettre, par exemple, dans un courant électrique continu, à les refroidir ou à les chauffer successivement, à les faire tourner, etc., etc. Eh bien! tous ces artifices n'ont qu'un résultat : la non viabilité, la mort.

Il en serait de même si l'on essayait d'agir sur les organismes larvaires sortis de l'œuf des animaux inférieurs, et dont le type semble tout à fait indécis. Cette larve de coralliaires, de méduse, qui empêcherait d'en faire sortir un ver? Pourquoi la trochosphère, forme larvaire commune, des annélides, des bryozoaires, des mollusques, ne deviendrait-elle pas, les uns ou les autres, étant placée dans des circonstances spéciales. On sait bien que c'est impossible.

Dans l'œuf, comme hors de l'œuf, la substance ou l'organisme ont bien l'uniformité à leur point de départ. Leur type est inscrit en eux d'un façon indélébile, ils le manifestent à travers tous les obstacles. C'est la condition de l'ordre dans la nature.

Les influences extérieures n'agissent, suivant l'observation de M. Dareste, qu'aux débuts de l'évolution pour la création des anomalies tératologiques. Plus tard, quand l'embryon est déjà bien dessiné, elles peuvent le tuer, mais non le modifier. Les milieux ont donc sur l'être une action moins puissante qu'on veut bien le dire, dans le monde transformiste, ou du moins ces milieux, lorsque leur action est excessive, tuent l'être bien plus souvent qu'ils ne le modifient.

Un autre enseignement à tirer de ces expériences sur l'œuf est celui-ci, il a son importance : « Il n'y a pas, dit M. Dareste, il n'y a pas de relation nécessaire entre l'emploi d'une condition physique, comme cause modificatrice, et une certaine modification de l'organisme. » D'où l'on peut conclure « que les causes tératogéniques ne sont pas des causes spécifiques, puisqu'elles ne produisent pas des effets déterminés, ce sont seulement des causes perturbatrices. »

Si le monde organique est lié aux conditions cosmiques régulières, il n'est donc point sous leur dépendance au point de vue morphologique ; les types vivants, les espèces, ne leur doivent que leurs conditions d'existence et de durée, rien de plus. Ces conditions cosmiques quand elles dépassent la mesure, en plus ou en moins, sont incapables de produire chez l'embryon des modifications durables, puisqu'elles ne sont pas viables. Le froid peut agir comme le chaud, ou le chaud peut détruire ce que le froid a produit, et le froid ce que le chaud a engendré ; la privation d'air ou l'inversion peuvent conduire aux mêmes résultats ; où à des résultats différents. Il ne faut donc attendre des conditions cosmiques aucune action modificatrice régulière et progressive des types et des espèces. Ces conditions cosmiques normales sont essentiellement conservatrices, quand elles sortent de leurs limites elles sont pertubatrices et fatales.

C'est la condition de l'ordre dans la nature. Ce tœnia a produit des millions d'œufs, ils roulent partout dans les eaux, dans les boues, dans la terre, ils subissent le chaud et le froid, le sec et l'humide, sont avalés et rejetés par des animaux divers. Tous sans dévier attendent le lieu et l'influence précise qui les fera germer, et si pas un ne pénètre dans l'estomac d'un porc, tous périront.

Voilà la réponse de l'œuf sur un problème d'une haute importance biologique. Il y a en lui une forme de vie, un type que ni les séductions, ni les menaces, ne peuvent altérer; lui aussi meurt et ne se rend pas. Incorruptible gardien de la pensée créatrice, il transmet la vie telle qu'il l'a reçue, et garde son mystère impénétrable.

THÉORIE DES ARRÊTS DE DÉVELOPPEMENT

Parmi les théories nées des études embryogéniques et qui, par conséquent, ont leur solution dans l'œuf, il en est une qui séduit au premier abord par son originalité et ses rapports incontestables avec la réalité. C'est la théorie des arrêts de développement. D'après elle, les types supérieurs de l'animalité auraient successivement passé par les degrés inférieurs de la série, et ceux-ci représenteraient les types supérieurs arrêtés dans leur développement. Ce ver, c'est un insecte arrêté dans son développement; ce reptile, un oiseau arrêté dans son développement ; cette huître, un grand homme arrêté dans son développement; d'une autre part, la succession des diverses phases de l'évolution embryonaire, représenterait le tableau phylogénique, c'est-à-dire, la série des états antérieurs. Cette loi, Fritz Müller l'exprimait bien clairement en disant : « L'embryogénie d'un animal n'est que la répétition abrégée des phases qu'a traversées son espèce dans la suite des temps, pour arriver à sa forme actuelle. » L'œuf d'un vertébré, serait donc le théâtre sur lequel apparaîtraient les uns à la suite des autres les prédécesseurs de l'être, avec les costumes ou la livrée des rôles différents qu'ils ont joué dans la série des siècles sur la scène du monde. Quelle étude attachante que celle de l'œuf à ce point de vue! et n'est-il pas mille fois plus merveilleux que nous ne le supposions? Un animal nouveau vient d'être découvert sur des plages lointaines, inexplorées jusqu'ici; d'où vient-il, par quelle suite de modifications est-il arrivé à son état actuel? Mettez l'œil à son œuf, et vous allez voir défiler les portraits de ses ancêtres. Malheureusement le spectacle est moins varié qu'on ne pouvait le croire. La noblesse des êtres ne diffère pas par la qualité des aïeux, mais par la quantité seulement. Il n'en est pas de même chez les hommes, où la noblesse se mesure, non pas au nombre des quartiers, puisque nous descendons tous d'Adam, ou d'un obscur infusoire, mais à la qualité des ascendants.

La théorie des arrêts de développement a pour elle les apparences de la réalité, et l'avantage de faire de la série animale une synthèse grandiose et d'allure très scientifique. Elle est très défendue de nos jours, surtout par l'école transformiste, et en dehors de toute école, beaucoup de savants y ont vu une élégante façon d'exprimer certains faits embryogéniques.

Arrêté dans son évolution! Cette tortue, un lièvre arrêté dans son évolution; cette carpe muette, un perroquet bavard arrêté dans son évolution; cet aï paresseux, un singe alerte arrêté dans son évolution; ce rat, un castor sans éducation. Cette grenouille, un bœuf arrêté dans son évolution; ce catharrinien stupide, un Newton arrêté dans son évolution.

Cette théorie des arrêts de développement, accroît considérablement les difficultés de la transmission héréditaire des virtualités d'un être à son descendant. La transmission des instincts, par exemple, devient chose incompréhensible. Où donc trouver désormais dans l'œuf la place de l'instinct et de ces facultés merveilleuses qui se transmettent d'un être à l'autre. Où, dans l'œuf de perdrix, la tendre ruse à contrefaire la blessée; où, dans l'œuf du pinson l'art architectural du nid; où, dans l'œuf des abeilles l'instinct des ouvrières qui bâtissent, nourrissent, défendent. L'instinct, je le comprendrais, passant de la mère à l'enfant dans une étreinte d'amour; l'instinct je le comprendrais presque si l'œuf, pareil à Minerve, sortant toute armée du cerveau de Jupiter, était une émanation du cerveau. Je le comprendrais se transmettant avec une parcelle de la substance nerveuse qui est son siège, et dont il est le produit; je le comprendrais même emporté d'un être à l'autre, par *une quintescence d'atôme*, comme eût dit La Fontaine. Mais que ce soit une plastidule émanant des bas fonds de l'être, de ses entrailles, ou de quelque glande obscure, qui emporte les plus nobles et les plus délicats instincts pour les transmettre au cerveau futur, cela devient plus difficile à concevoir. Mais depuis qu'on a inventé, et renfermé dans l'œuf même, tout l'arbre généalogique de l'être, le mystère devient insondable. Les êtres supérieurs, comme la perdrix, doivent transmettre leurs instincts à quelque larve gluante, ou à quelque gastrula stupide, chargée de les passer à quelqu'autre forme, et de celle-ci à une autre, sans altération aucune.

Oui, cet instinct merveilleux, attribut d'un cerveau déjà complet et très developpé, doit faire stage chez un premier embryon qui n'a pas de substance nerveuse, puis chez un autre qui n'a que quelques ganglions ou quelque collier periœsophagien, recelant de purs appétits. L'instinct du sacrifice maternel passe ainsi des formes de vie d'où la tendresse maternelle est absente, à d'autres formes de vie où l'abandon des jeunes est la règle, et de filets en ganglions, de ganglions en colliers, de colliers en chaînes nerveuses, de chaînes en cerveau, passe sans s'amoindrir, et recommence cet itinéraire des millions de fois dans les œufs successifs sans s'altérer, sans dévier d'une ligne.

Au lieu de chercher contre cette théorie des arguments, qu'on pourrait appeler des raisons de sentiment, l'œuf interrogé directement pourrait peut-être avoir une réponse bien nette et bien catégorique. Si les différents états que traverse l'embryon ont eu leur vie indépendante et ont constitué à certains moments le point culminant de la forme vivante, ne serait-il pas possible d'arrêter l'évolution à telle ou telle phase, et de faire sortir ainsi de l'œuf un des ancêtres de la forme à laquelle doit aboutir son développement total. Pourquoi par exemple ne pourrait-on pas arrêter l'évolution de cet œuf de poulet à sa forme mollusque, puisque les vertébrés descendent dit-on des tuniciers. Quel dommage qu'avec un œuf de poule, arrêté dans son développement au moment précis, on ne puisse produire à volonté une huître, une anguille, une tortue. Outre la satisfaction d'avoir expérimentalement démontré cette élégante théorie des arrêts de développement, il en résulterait pour l'économie domestique des avantages précieux. Malheureusement, l'œuf dit non, bien carrément, qu'il soit de poule, de serpent ou de grenouille, il succombe plutôt que de se laisser arrêter dans son développement. Ses étapes successives ne constituent pas des êtres viables. A la première heure de son mouvement évolutif, toutes les bases de l'édifice total sont posées et comme le cristal qui surgit en quelques secondes dans une solution concentrée, l'embryon, dans sa précipitation, fait l'économie de ces phases intermédiaires qu'il parcourt quand il est moins pressé, et d'un bond prend sa forme définitive. C'est l'accélération embryogénique ou métagénésique, suivant l'expression employée par M. Ed. Perrier dans son beau livre sur les colonies animales.

A chaque instant les progrès des études embryogéniques sont venus démontrer l'impossibilité de comprendre les doctrines dont nous parlons, et de considérer les stades de l'œuf comme représentant des états antérieurs. Les stades d'un tunicier, d'un bryozoaire, devraient être moins multipliées que ceux d'un reptile, d'un oiseau, qui sont plus élevés dans la série. Bien au contraire, ils sont plus nombreux. Le tunicier aurait donc plus d'ancêtres que le vertébré. Chez les bryozoaires il y a des stades intermédiaires, qui, au lieu d'être une progression, sont une régression.

C'est cette considération qui sans doute a fait faire à la théorie un premier pas en arrière, et admettre que l'animal ne reproduit dans son évolution que les phases historiques ou phylogénésiques de la branche de l'arbre généalogique à laquelle il appartient.

N'oublions pas encore que dans une évolution embryonnaire les phases sont innombrables. Elles sont continues sans aucun temps d'arrêt. L'ébauche de l'être progresse et se modifie par tous les points de son ensemble. A chaque seconde, à chaque millième de seconde, elle varie. Combien admettra-t-on de formes intermédiaires, cent, mille, un million? Il n'y a pas de raison de s'arrêter, puisque l'évolution ne s'est pas arrêtée. Pareil à ces édifices qui s'élèvent pierre par pierre et sur plusieurs points à la fois, avec des accélérations diverses, l'être grandit aussi dans l'œuf sans relâche, et ses parties s'élaborent comme si elles étaient indépendantes les unes des autres.

Si l'on part de l'unité de composition organique, ce grand fait soutenu avec tant d'éclat par I. Geoffroy Saint-Hilaire, et qui permet, en allant du simple au composé, de disposer tous les animaux en une série linéaire dont tous les anneaux se touchent par quelques ressemblances, il n'est pas difficile de concevoir que l'être dans son développement dans l'œuf, puisse offrir tour à tour des analogies avec les individualités successives de la série. C'est la loi de toute évolution. La statue ne sort pas de son bloc de marbre, comme Minerve sortit toute armée du cerveau de Jupiter. A certaines phases de son avancement le tableau d'un grand maître ressemble à l'ébauche d'un goujat. Il ne faudrait pas tirer de ces ressemblances, assez peu précises, la conclusion qu'à chaque génération l'être recommence réellement son odyssée. Où serait donc le progrès, si l'être ne pouvait s'affranchir de ce long parcours. Mais l'accélération métagénésique, si bien mise en lumière par M. Ed. Perrier, montre que la théorie des arrêts de développement ou des représentations des états antérieurs dans l'œuf, peut souvent être prise en défaut. Toute la série d'ailleurs ne saurait être représentée ainsi, il n'est pas un embryogéniste qui ne sache qu'un vertébré, un articulé, un zoophite, ne révèle au début même du développement embryonaire son type et vienne ainsi se ranger parmi les animaux segmentés ou rayonnés.

Les êtres sortent de l'œuf à un état d'avancement plus ou moins complet, par conséquent toute l'évolution n'est pas comprise dans l'œuf. Les vers, les crustacés, les échinodermes, les mollusques, les coralliaires, sortent de l'œuf à l'état de larves, de nauplius, de trochosphères, de protoscolex, etc. Chez les myriapodes, le nombre des mérides ou segments, n'est pas à la sortie de l'œuf ce qu'il sera plus tard. Les siphonophores se complètent par toutes les utilités qui forment la colonie totale. Les insectes, les grenouilles, les poissons, poursuivent hors de l'œuf leur évolution, et passent par des états intermédiaires, mais ce ne sont nullement des phases traversées par l'espèce dans la suite des temps. La larve du corail périt bientôt si elle ne peut se fixer, l'état de nauplius n'est pas pour tous les crustacés une phase nécessaire. Le leptodora hyalina sort de l'œuf tantôt parfait, œufs d'été; tantôt nauplius, œufs d'hiver : et les nauplius qui ont des yeux avant d'avoir un estomac ne constituent pas une phase viable. Tel scolopendre qui en sortant de l'œuf a un nombre d'anneaux moindre qu'à l'état adulte, n'a jamais eu d'existence comme forme arrêtée pouvant se reproduire. Il en est de même pour la forme têtard chez les grenouilles, pour la forme chenille chez les papillons. Alors même que ces phases intermédiaires se passent hors de l'œuf, quand celui-ci ne contient pas assez de substance alimentaire et que l'animal est adapté pour un certain temps au monde extérieur, le voit-on jamais s'arrêter à tel ou tel point, et revêtir les caractères de l'achèvement parfait, c'est-à-dire la faculté reproductrice sexuée?

Quand un œuf échoue et se brise avant la fin de son évolution l'être imparfait qui gît sans force, n'a jamais représenté une forme vivante complète, ayant vécu ici ou là dans la durée du temps.

L'animal sorti de l'œuf et devenu adulte ne garde aucun vestige de ces phases embryonnaires, mais il transmet à son œuf non le souvenir d'états antérieurs, mais les modalités de son évolution seule. Nous hésitions, il y a un instant devant ce souvenir évolutif de l'œuf, c'est une colossale mémoire qu'il faudrait lui reconnaître maintenant pour admettre la théorie dont nous parlons.

Nous disions plus haut que l'accélération embryogénique supprime chez les animaux supérieurs ces phases intermédiaires. La formation des segments au lieu d'être successive est simultanée, ou surgit en bloc dans une substance homogène, dans un temps très court, le plan définitif de l'organisme est tracé. Ailleurs, quand l'évolution est plus lente, on sait aujourd'hui que ce sont souvent les organes de la circulation qui prennent le pas sur les organes de relation. Un cœur, un réseau vesculaire ont-ils jamais constitué des organismes indépendants ? En outre, ces états transitoires ne peuvent représenter une phase historique de l'être, puisque n'étant pas sexués, ils n'auraient pu se reproduire.

La suppression de certaines phases évolutives se fait tantôt dans l'œuf, tantôt hors de l'œuf. Dans l'Hylodes Martinicensis, si bien étudié par notre collègue et ami M. Bavay, professeur à l'école de médecine navale de Brest, la phase têtard se passe dans l'œuf, mais beaucoup de crustacés lernéens ne prennent pas au sortir de l'œuf la forme nauplius, commune à tous les êtres du groupe. Si quelques tuniciers passent toute leur vie à l'état de têtards, les salpes et les pyrosomes ont supprimé dans leur évolution cette forme intermédiaire.

ACCÉLÉRATION EMBRYOGÉNIQUE

Quand on se laisse aller sur la pente des hypothèses ou des théories, rien ne coûte à l'imagination. Vous me dites que chaque être dans son développement embryogénique offre l'image de ses phases historiques antérieures, mais ne serait-il pas possible de concevoir que toutes ces phases historiques au début de la vie, au lieu d'avoir été extérieures, se soient passées à l'intérieur, comme dans le pyrosome. Voilà des séries de plastidules (on nous renvoie toujours à la plastidule), qui attendent : la vie fermente en elles, et la substance possède à ses origines une plasticité inouïe; celle-ci trop pressée d'évoluer, n'accouche que d'un infusoire et cet effort l'épuise ; cette autre, au contraire, se recueille, concentre sa fécondité, fait un faisceau de toutes les virtualités d'êtres inférieurs qu'elle pouvait produire, s'élance, et d'un bond devient oiseau. Et c'est ainsi qu'à côté des formes les plus simples, se seraient montrées les formes les plus compliquées, dès le début de la vie sur le globe, comme le prouve la paléontologie. Plus n'est besoin d'invoquer la transformation lente des espèces, contredite par tant de faits. Accélération génésique, tout est dit. Chaque plastidule à toutes les virtualités qui peuvent la conduire au maximum de l'évolution, d'un seul coup ou par échelons. Elle parvient au faîte, ou s'arrête à la première marche. C'est ainsi que les fils de rois ou d'empereurs sont colonels dès le berceau, et grand-croix au maillot, tandis que les autres passent par tous les intermédiaires.

L'accélération embryogénique! Nous venons de voir comment cette vue s'associe avec la théorie des arrêts de développement, et comment même elle peut se substituer au transformisme. M. Ed. Perrier a résumé dans une formule cette accélération des phénomènes génésiques. « Toutes les fois qu'un organisme présente à l'état adulte une forme différente de sa forme première, la forme définitive tend à se produire de plus en plus rapidement. — Ce qui veut dire que plus l'organisme a de chemin à faire pour arriver à la dernière étape, plus il marche rapidement. C'est le train rapide qui brûle les stations intermédiaires. Tout train partant de Paris par le chemin de fer P. L. M., a Marseille, dans ses possibilités. Mais les uns ne vont que jusqu'à Melun, d'autres seulement jusqu'à Lyon. Tout organisme partant de la monère a dans ses possibilités l'Homme, mais celui-ci ne va que jusqu'à l'huître, cet autre à grand peine n'atteint que la grenouille.

Sur la route de l'hypothèse, tout est permis ; outre l'accélération embryogénique, et combinée avec elle, la conjugaison de plastidules douées d'énergies identiques ou d'énergies diverses, pourrait faire varier les résultats ; $\frac{P}{P}$ diffère de P+P, de même qu'en chimie $\frac{H}{H}$ ou $\frac{Cl}{Cl}$ constituent des molécules de virtualités spéciales différentes de H et Cl. Quand il est probable qu'une substance unique, hydrogène H, peut-être constitue tous les corps, sous l'empire d'une loi unique, la gravitation ; pourquoi ne verrait-on pas dans tous les corps vivants une plastidule unique P, régie par une loi unique, la vie.

Là même où l'accélération embryogénique ne vient pas masquer l'évolution, il est impossible de voir dans la succession des phases embryonaires l'ascension des organismes vers le plus parfait. On sait que la vie ne s'astreint pas à faire progresser uniformément ses productions. Beaucoup de formes vivantes, après un mouvement ascensionel, rétrogradent ; des classes tout entières sont le résultat d'une décadence succédant à un progrès. Faudra-t-il que l'œuf accuse ces péripéties, et que tous ces drames se passent sous sa coque. M. Ed. Perrier le reconnaît lui-même : « Le degré de perfection organique n'est nullement en rapport avec l'ordre d'apparition paléontologique. »

Avec la forme humoristique dont il se sert souvent pour juger les audaces de l'hypothèse, M. Du. Bois-Raymond déclare qu'il n'y a pas de loi de formation organique, la nature étant éminemment fantaisiste. « Dans de telles circonstances, il est dangereux d'appliquer à un cas particulier la soi-disant loi fondamentale de la biogénèse (arrêts de développement), quand même on pourrait admettre ce principe en général. Les conclusions de l'ontogénèse, guidées par quelques témoignages paléontologiques, n'auront jamais qu'une vraisemblance hypothétique. Les arbres généalogiques de notre espèce, que dessine avec une confiance présomptueuse une imagination plus artistique que scientifique, ont à peu près la même valeur aux yeux du savant, qu'aux yeux de la critique historique les arbres généalogiques des héros d'Homère. »

En résumé, l'œuf refuse de se prêter aux deux dernières théories dont nous venons de parler.

Loin de dissiper son mystère, elles le rendraient encore plus profond. L'accélération embryogénique exprime un fait sans l'expliquer, sa nature intime nous échappe complètement.

THÉORIE DE LA GASTREA

Il y a beaucoup de rapports entre la théorie précédente, et celle dont nous allons parler maintenant, la théorie de la Gastrea d'Haeckel.

Ce ne serait plus la Monade, comme au siècle dernier, qui servirait de point de départ à l'arbre généalogique de l'individu, ce serait *la gastrea.* Celle-ci représente un sac à doubles parois, l'ectoderme et l'endoderme, en allant du dehors au dedans. La cavité du sac, serait le premier estomac (Protogaster), son ouverture la première bouche (Protostoma).

Avant d'être gastrea la substance de l'œuf serait Morula, une masse segmentée muriforme; puis Blastula un sac simple, par extension d'un octoderme à la surface de la la Morula; enfin Gastrea par refoulement ou invagination d'une moitié de ce sac dans l'autre. Un bonnet de coton à double mèche est une blastula; on en fait une gastrea en le repliant pour le mettre sur la tête, et celle-ci est logée dans le protogaster.

Comme un grand nombre d'êtres présentent au début de leur développement, la forme gastréenne, Haeckel s'est imaginé que la gastrea est la forme ancestrale de tous les animaux. Suivant le savant allemand, la gastrea, arrêtée dans son développement, existerait à l'état indépendant. Les animaux des genres halyphisema, et gastrophysema, qui vivent fixés au fond des eaux de la mer par un pédicule, seraient de pures gastreas constituées par un sac à doubles parois. Pour distinguer la gastrea indépendante, de la gastrea, phase embryonaire, on nomme celle-ci *gastrula*.

Malheureusement la gastrula ne se montre pas partout, et quand elle apparaît ses origines sont diverses; elle résulte de différents éléments adaptés il est vrai à une même fonction, mais elle n'est plus dès lors une transmission héréditaire, ayant eu la gastrea pour origine. Haeckel a été lui-même forcé de reconnaître qu'il y avait des gastreas *falsifiées* (le mot est bien trouvé), ou çaenogénésiques. La gaestra est bien compromise.

Les arthropodes ne revêtent jamais dans l'œuf une forme comparable à une gastrula. Chez beaucoup de briozaires, l'embryon est constitué par un sac entièrement clos. Chez les plathelminthes, l'embryon n'ayant jamais de système digestif ne ressemble jamais à une gastrula. Les céphalopodes et les vertébrés, sauf l'amphioxus, n'ont jamais rien qui ressemble à une gastrula. Sa présence chez les éponges est même fort discutée aujourd'hui. Des spongiaires, des polypes, des vers et des échinodermes répondent seuls à la théorie.

Si l'on demande à Haeckel comment de la gastrea originelle peuvent sortir, tantôt des types rayonnés, tantôt des types bilatéraux, il répond que les gastreas primitives se sont tantôt fixées, et ont donné le type rayonné, tantôt des types bilatéraux au contraire, si elles ont eu le malheur de ramper en naissant. Nos ancêtres, à nous hommes et bilatéraux, ont donc dû ramper aussi! Malheureusement, les étoiles de mer sont sorties de larves bilatérales, et il faut alors les considérer comme des vers soudés par la tête.

Oh! les exigences des théories, et les enfers du transformisme! Car la théorie de la gastrula n'est qu'un des mille aspects du Darwinisme. Cette gastrea, c'est en effet à elle qu'aboutissent toutes les formes de vie, elle est le rendez-vous solennel où va se faire la séparation, où va commencer l'exode de chaque type dans toutes les directions. Soit, mais ce n'est pas là que nous trouverons encore la solution du mystère de l'œuf, elle l'accroît au contraire, puisqu'à l'identité de la substance, elle ajoute l'identité d'évolution pour arriver à des fins différentes.

Plus vous mettrez d'identités dans l'œuf, moins on comprendra les diversités qui en sortent. Si ces gastreas sont identiques, pourquoi les unes rampent-elles, tandis que les autres se fixent? Leur isomorphisme était sans doute tout superficiel, en adhérant ou en glissant, elles ont obéi à la loi de leur origine, et sont restées fidèles à leur type.

Ces théories ancestrales, gastrea ou autres, ne sont pas nécessaires pour comprendre l'œuf. L'apparition des appareils y est généralement très logique, et ne semble réglé que par une loi biogénique très naturelle.

Le système digestif et la peau se montrent en première

ligne. L'importance de *maître gaster* est indiscutable, et l'être si simple qu'il soit, a besoin d'une enveloppe.

Les éléments du squelette se montrent ensuite. Tout estomac qui aspire à devenir quelqu'un, réclame une charpente quelconque.

Les systèmes nerveux et musculaires apparaissent ensuite. Ils sont indispensables au fonctionnement de la précédente acquisition.

Puis, voici les reins ou organes excréteurs. L'organisme absorbant déjà par l'estomac et la peau les substances nécessaires à la rénovation des tissus, il faut des organes pour éliminer les matériaux usés de cette trame.

Le système vasculaire ébauché dès les premiers temps de l'évolution se complète, l'animal est formé, il a tout ce qu'il faut pour vivre.

Cela ne suffit pas, il faut durer, et ce degré de son évolution n'a jamais pu, comme les autres, constituer un état antérieur, car l'animal n'a pas encore d'appareils de reproduction. C'est en dernier lieu que les vestiges de ceux-ci se montrent, c'est le couronnement de l'édifice. Les organes de nutrition, de relation, de locomotion, fonctionneront et acquéreront toutes leurs perfections, bien avant que l'appareil de la reproduction ne soit mûr.

Ainsi la matière première de la vie est partout la même, la manière dont elle est pétrie est partout identique, les premières ébauches se ressemblent partout. Et cependant sans que les conditions extérieures se différencient, cette ébauche uniforme sera, nous l'avons vu, le point de départ d'êtres très divers. Un esquimau ou un zoulou que l'on conduirait dans un atelier de peinture, dirait que tous les tableaux se font de la même manière, et que ce ne sont que des toiles tendues sur des carrés de bois. Avez-vous vu le potier pétrir l'argile et la façonner sur un tour? N'est-ce pas pour toutes les formes la même substance, le même point de départ, une masse informe (une plastidule), sur la plate-forme du tour. L'œuvre commence, le tour est en mouvement, la masse d'argile s'allonge, se creuse toujours de la même manière, et arrive bientôt, elle aussi, à l'état de gastrea, forme commune et primitive de tous les vases que va fabriquer le potier. Mais les différences vont naître suivant le plan ou les fantaisies de l'artiste, et les formes les plus élégantes et les plus diverses, se montrent mêlées aux formes les plus simples, le pot à eau et la coupe de Sèvres, la cruche ou l'amphore, la cuvette ou la bouteille.

Même artiste, même substance, même procédé, résultats divers cependant, parce qu'il y a une idée créatrice variable. Un mécanisme seul ferait toujours le même objet dans les mêmes conditions, mais le potier, ce tour et l'argile ne sont point un mécanisme, pas plus que l'œuf.

Quand des êtres divers sortent d'œufs identiques pour la substance, et dont l'évolution est identique, comme celle de ce tour de potier, ce n'est ni au tour, ni à l'argile, ni au milieu, tous identiques, que j'attriburai les variations et les fantaisies des formes produites, mais à l'artiste.

La cruche et le vase de Sèvres ont une parenté d'origine, comme l'huître et l'homme. A certains moments de leur évolution génésique, l'huître et l'homme ont pu se ressembler comme la cruche et le vase; cela veut-il dire que l'huître est devenue l'homme par la force des choses? Pas plus que le pot à eau une gastrula parfaite, ne deviendrait vase de Sèvres, si l'artiste n'y mettait la main, le tour continua-t-il à tourner éternellement.

Quand M. Allen Thomson, parlant du développement des différentes formes de vie au congrès de Plymouth, disait qu'il était impossible de ne pas devenir évolutionniste en considérant la simillitude du plan qui existe dans la production de tous les animaux, il cédait à une illusion. Certes, nous aussi en voyant tous les objets sortis des mains du même potier, nous constatons que c'est une véritable évolution de formes, nous concevons que ces vases puissent être sériés; que le plus parfait, le plus compliqué a dû passer par les formes du plus simple, que celui-ci représente une sorte de gastrea arrêtée dans son développement. Mais cela n'établit entre ces objets aucun ordre chronologique, aucune relation de filiation. La cuvette qui doit recevoir le pot à eau a bien pu être faite après lui.

Tout ce que nous venons de dire des formes de vases, peut se dire des formes de vie. On comprend l'identité de la substance, l'identité du procédé, l'identité du développement, jusqu'au moment où une volonté libre vient différencier, spécifier ces formes. C'est ce qui démontre que tout n'est pas pur mécanisme dans la création. L'identité de substance et de procédé, partout, et dans des conditions si diverses, nous indique que le hasard est insuffisant. La variété des formes naissant de toutes ces identités démontre une direction. Prenez des œufs de poule, de dinde, de canne, et d'oie, placez-les sur le tour du potier c'est-à-dire sous une couveuse, cette substance de l'œuf va se modifier semblablement par segmentation, puis la fantaisie de l'artiste intervenant, poulets, dindons, oies et canards vont paraître.

Répétons donc avec Claude Bernard :

— La matière manifeste des phénomènes qu'elle n'engendre pas ; elle les fait apparaître, mais ne les gouverne pas dans leur succession et leur enchaînement (2e série, *Revue scientifique*, XIII.)

LES COLONIES ANIMALES

Toutes les conceptions de la vie quelles qu'elles soient ont à compter avec l'œuf. Nous l'avons déjà montré, c'est là que nous les attendons. Vous connaissez ces gabarits des chemins de fer, sous lesquels les wagons chargés essaient de passer pour avoir la certitude de pouvoir circuler ensuite sur la ligne, sans risquer de se heurter quelque part. L'œuf constitue une épreuve de ce genre. Les théories de la vie doivent aussi se présenter devant lui et s'accommoder à cet étroit passage, pour être certains de ne pas rencontrer d'obstacles au-delà, et de ne pas se briser dans quelque rencontre inattendue.

Voici une nouvelle manière d'envisager les êtres, c'est une conception, sinon entièrement neuve, rajeunie au moins avec un talent incontestable, par M. Ed. Perrier, dans son remarquable travail sur les colonies animales.

Des monères à l'homme tout ne serait que colonie, mais il y a colonie et colonie. Les républiques de la Grèce étaient des colonies d'un même peuple, mais colonies divisées contre elles-mêmes, et souvent en lutte. Les Etats-Unis d'Amérique, vaste colonie encore, dont les individualités sont mieux unies, et sont liées par un organisme politique commun. L'Allemagne, l'Italie, des colonies, chez lesquelles les individualités commencent à se fondre et à tendre vers l'unité. La France, une colonie encore, chez laquelle l'unité est faite depuis longtemps.

Le myxodictyum sociale, est une colonie de monères lâchement unies par leurs pseudopodes. Chez les infusoires l'association se montre fréquemment. Les codosiga, les dendromonas, les rhipidodendron, sont des bouquets d'infusoires, les céphalothammium cyclopum ressemble à l'astrantia, une ombellifère. Chaque individu garde le type général, et son indépendance physiologique, il n'existe entre voisins qu'une union mécanique. Plus loin, comme chez les Siphonophores, apparaissent des colonies formées d'individus dissemblables, quoique nés les uns des autres, jouant dans l'association des rôles différents, vivant pour leur compte, mais travaillant aussi pour l'intérêt général. « De là, naît une variété plus grande, la colonie au lieu d'être comparable à une association d'échoppes d'ouvriers travaillant chacun pour soi, semble devenir une usine où la puissance de production se développe rapidement. » Une colonie ainsi constituée devient un organisme dont les parties sont unies par une solidarité plus grande. Encore un pas, et cette solidarité est telle que les utilités de la colonie deviennent inséparables. « Ce ne sont plus les parties c'est la colonie elle-même qui mérite désormais le nom d'individu. » Ainsi formation des colonies par multiplication et rapprochement d'individus, formation de l'individu par effacement du caractère individuel des parties dans la colonie, voilà la théorie de M. Ed. Perrier. Entre une éponge et l'homme, une analogie, l'un et l'autre sont des colonies; entre l'éponge et l'homme, une différence, l'excès de centralisation chez ce dernier en a fait un individu. Des individus devenant colonies, des colonies devenant individus, voilà le mécanisme de cette conception nouvelle qui, comme jeu de l'esprit, est véritablement originale, et présente, grâce à un rapprochement ingénieux d'un certain nombre de faits, tous les caractères d'une doctrine vraiment scientifique, et surtout très séduisante.

Il y a cependant bien des faits qui arrêtent et embarrassent un peu. Parmi les éponges, en voici dont les éléments restent très indépendants, en voilà d'autres chez lesquelles ces éléments bien que semblables entre eux, fonctionnent diversement dans l'intérêt de la société. Comment naît cette attribution de rôles divers? Pas de centralisation nerveuse, pas d'unité supérieure commandant aux autres. Ce n'est même pas un vague instinct de l'intérêt commun qui fait surgir toutes ces bonnes volontés. La variété de fonctions d'éléments primitivement similaires tient à la place qu'ils occupent. Celui-ci reste ouvert parce qu'il est en haut, celui-là fermé parce qu'il est en bas. Pour des raisons pareilles, les uns absorbent, les autres secrètent. Chacun enfin fait ce qui est avantageux à une communauté qu'il ignore, et qui n'est presque qu'une entité métaphysique. Heureux privilège de ces sociétés qui se nomment éponges, où le hasard de la naissance et du rang crée les aptitudes. Chez nous il ne suffit pas de naître dans un atelier pour être artiste, ni de s'asseoir sur un trône pour savoir gouverner.

M. Ed. Perrier énumère des faits qui peuvent faire aussi considérer les hydres comme des réunions de monères. Cependant on ne peut maintenir une partie quelconque de cette hydre à l'état de monère, il y a dans la moindre parcelle un souvenir qui ramène cette monère à l'état d'hydre complète. Elle y tend avec une énergie indomptable, qui prouve une fois de plus la tendance à la conservation de la forme spécifique, même des moindres lambeaux de l'être de n'importe quel point de son étendue. Hachez une hydre, placez-en les infimes parcelles dans les conditions les plus diverses, elles périront ou reproduiront le type, sans déviation, sans atermoiements. C'est une preuve irréfutable que la tendance à remonter au type a partout son siège, et l'hydre nous fait mieux comprendre comment une plastidule quelconque d'un être, renfermée dans l'œuf avec un peu de substance alimentaire, peut refaire l'être dont elle provient. Ne venez donc plus nous parler de modifications d'organes, ce n'est pas l'organe seul qui conserve son type sous ses variations possibles, c'est l'élément anatomique irréductible lui-même, qui garde cette puissance et si une cellule épithéliale humaine était douée d'une force de rédintégration suffisante, elle reproduirait l'homme tout entier, rien que l'homme, comme un rayon d'Astérie reproduit l'Etoile tout entière. C'est par les parties que l'être est entamé; d'après la théorie de la transformation, il n'évolue pas en bloc. Eh bien ! nous venons de voir la résistance des parties à l'évolution, et avec quelle force elles maintiennent le type spécifique. Faites plus, soudez ensemble des morceaux d'hydres d'espèces diverses, cette fusion n'amènera pas, comme on pourrait s'y attendre, la production d'un type intermédiaire ; non, ce sera celle de l'une des formes préexistantes. Ce n'est pas seulement dans le monde animal que nous voyons la parcelle reproduire le tout, les feuilles de bégonia hachées constituent un moyen de multiplication. L'idée du tout est dans chaque partie, et le tout conserve aux parties leur identité. Le tout répare la partie lésée, conformément au plan, et la partie refait souvent le tout, toujours conformément au plan.

Parmi ces associations, dont nous parlions plus haut, on trouve les circonstances les plus diverses. Chez les unes, les individus peuvent se détacher sans péril pour eux-mêmes et pour la société ; ailleurs, chez les siphonophores, les individus ne sauraient vivre séparés de la colonie; mais celle-ci peut perdre un ou plusieurs de ses membres sans danger. Plus haut, enfin, il y a péril pour la partie et pour l'ensemble, quand une scission se produit. Il serait difficile de dire si dans ces groupements divers, il y a progrès ou décadence. Les unités indépendantes ont précédé les colonies. Celles-ci constituent-elles un progrès pour l'espèce ? Nous ne le pensons pas, ce qui est simple résiste mieux que ce qui est complexe. Dans tous les cas, si la fédération est un progrès, on ne peut considérer comme tel l'individualisation de la colonie qui conduit aux types les plus élevés, et chez lesquels toute scission devient un péril pour la partie et pour l'ensemble.

La théorie transformiste a introduit dans les sciences naturelles une façon de présenter les choses dont il est bon de se méfier. Il ne faut pas prendre pour une réalité les groupements, les enchaînements purement artificiels que l'on emploie pour soutenir une hypothèse. Quand M. Perrier nous montre une série de fédérations constituées par de simples rapprochements d'individus semblables puis d'individus très différents, et puis enfin l'individualisation générale du tout dans un être parfaitement un, comme l'homme, on est tenté de croire qu'on a sous les yeux une progression réelle, et le procédé à l'aide duquel la vie s'est élevée à l'unité. C'est une série dans le genre de celle que forme l'enfant qui, ayant ramassé des cailloux sur le rivage, les dépose sur sa table par rang de taille.

L'œuf sort d'un ovaire, et reproduit l'être tout entier, dont cet ovaire n'était qu'une faible partie. C'est son mystère irréductible, mystère qu'on a voulu matérialiser par les théories de Buffon sur les molécules organiques, celles de Darwin sur la pangenèse, celle de Balbiani sur les molécules ataviques. Si le fait est déjà bien difficile à comprendre, si un abîme immense existe entre la cause et l'effet, la difficulté va s'agrandir encore si nous acceptons la théorie qui nous présente un être comme une réunion d'individualités distinctes, comme une colonie.

L'œuf ne reproduit pas seulement l'ovaire dont il sort; il reproduit tout l'être dans lequel, même un ovaire semblable au précédent, n'apparaît que lorsque tout l'édifice est achevé.

Mais si vous faites de l'ovaire une individualité, une

individualité reproductive, telle que celle des siphonophores ou des polypes hydraires, l'œuf reproduira cette individualité, fut-elle réduite à un simple sac ovarien. Les circonstances qui ont adapté les autres unités de la colonie à des rôles spéciaux, ne sauraient se représenter dans l'œuf. Ne faudrait-il pas peut-être qu'il reproduise aussi le parasite habituel de l'organisme dont il dérive ?

C'est cependant ce qu'il faut admettre si l'on veut considérer une Agalme, une Apolémye, ou une Physsophore comme des colonies. Les individus stériles, gastrozoïdes, les dactylozoïdes individus nourriciers, les individus nageurs ou flotteurs, seront reproduits par les œufs des individus reproducteurs avec leurs formes et leur position caractéristique. « Il en résulte que l'on doit considérer l'œuf comme appartenant non pas à l'individu qui l'a produit, mais à la colonie toute entière. » Avions-nous raison de dire que c'est un agrandissement du mystère de l'œuf, notre foi scientifique va être obligée d'ajouter un article nouveau à son *Credo*, et de s'écrier : « je crois au principe de *la reproduction totale des colonies.* » C'est un fait, nous dit-on, vous ne pouvez y échapper. Ce n'est un fait qu'avec la théorie des colonies. Si je considère l'Agalme comme un individu simple, ces individus reproducteurs sont des ovaires qui produisent des œufs, et de ces œufs sortira un être, au terme de l'évolution duquel les ovaires apparaîtront comme cela se passe chez les vertébrés. Je crois que de l'œuf de l'agalme sort une agalme, je n'ai plus besoin de l'article de foi supplémentaire : *de la reproduction totale.*

Un fait non moins indiscutable, c'est que les animaux supérieurs sortent tous formés de l'œuf et semblent constituer des unités indivisibles. C'est une erreur, nous dit-on, ce sont des colonies individualisées. Comme la formation de ces colonies supérieures, poisson, reptile, homme, n'a pu se faire d'une façon différente des colonies non encore individualisées, l'agalme par exemple, les parties ou mérides ont dû, en principe se produire successivement. Cependant il n'y paraît pas ; dans l'œuf d'un vertébré tous les organes semblent s'élaborer simultanément, ils sont tous du même âge, et n'ont, par conséquent, aucun rapport génésique. La théorie exige cependant que dans l'un et l'autre cas le principe de l'évolution, la loi, soit le même, puisque dans les deux cas il y a colonie. Périsse le principe plutôt que les colonies, répond la théorie, et pour sauver celle-ci voici un nouvel article de foi à introduire dans l'œuf : « A mesure que les organismes constituant une colonie deviennent plus étroitement solidaires, les œufs qu'ils produisent tendent à reconstituer de plus en plus vite l'ensemble même de cette colonie. » Cela s'appelle l'*accélération embryogénique*, dont nous avons déjà parlé. C'est l'expression d'un fait, dit-on, ce n'est pas une hypothèse ; il faut bien que l'œuf qui n'avait d'abord que la faculté de former une seule des parties ou mérides de la colonie, ait acquis celle de les produire toutes et d'un seul coup. Soit encore, mais si je considère le vertébré comme un être simple, de l'œuf duquel il sort d'emblée un être simple ; je n'ai nul besoin de ce nouvel article de foi scientifique et de voir dans l'œuf un mystère de plus, car rien n'explique cette accélération embryogénique ; elle n'a sa raison d'être ni dans l'œuf ni dans le but à atteindre, la nature ne semble pas généralement si pressée. Mais les choses se passent dans l'œuf de l'oiseau, du poisson, du mammifère d'une façon qui gêne la théorie ; il faut cependant conserver le principe de la loi, l'uniformité d'évolution, et fermer les yeux sur l'immense exception en disant : accélération embryogénique. C'est toujours la même chose, on commence par sortir de la légalité, c'est-à-dire du vrai, on y rentre par un décret, c'est-à-dire par une hypothèse.

Je sais que ce n'est pas sans avoir fourni quelques exemples d'accélération manifeste que le savant auteur de « les colonies animales » a lancé sa proposition. Il y a dans l'œuf du pyrosome un premier-né, un cyathozoïde, qui disparaît avant l'éclosion; laissant un lambeau de son ovaire à quatre fils, premier fondement de la colonie. Il y a l'Ylodes Martinicensis de Bavay. S'apercevant qu'il n'y a pas de mares dans le pays, cette rusée grenouille se dit qu'il est inutile de naître têtard, et laissant dans l'œuf son costume de bain, sa queue et ses branchies, elle revêt avant de sortir la livrée qui convient à un batracien terrestre. Certains crustacés, sautent la forme nauplius, les molgules ne passent pas par la forme de têtard, le didenmum se comporte comme l'hylodes. Ces faits sont certains, mais c'est le cas de répéter avec Gratiolet : La nature a des arguments pour toutes les théories.

On peut, dit M. Ed. Perrier, retrouver dans un même groupe zoologique tous les passages entre l'évolution embryogénique nécessaire et l'accélération totale ; et il en tire la conclusion : que l'homme s'est constitué comme les éponges ou comme les siphonophores. Pour tirer quelque déduction vraiment acceptable de ce fait, il faudrait démontrer : 1° que ces différentes formes d'évolution ont été succesives; 2° qu'il existe entre les êtres qui les offrent un lien génétique. C'est là précisément le défaut du procédé scientifique. Tous ces termes, habilement choisis, ne forment une série que dans l'imagination, comme les cailloux ramasssés sur le rivage par l'enfant ; mais les idées transformistes ont tellement pénétré les esprits, qu'on en est arrivé à croire que toute série d'analogies arbitrairement alignées, est une série phylogénique. il fût un temps où les individus qui ressemblaient à Napoléon Ier passaient pour être ses enfants, sans qu'on prit garde à l'âge, au temps, aux lieux. Il en est de même pour ces séries de passages, elles n'ont aucune réalité dans le temps et dans l'espace.

Un obstacle à considérer certains organismes comme des réunions d'individualités ou des colonies, c'est ce fait, que chez les hydraires les individus sexués, ou méduses par exemple, varient infiniment. Tantôt ces individus reproducteurs semblent créés réellement par digenèse, tantôt ils ne diffèrent pas du simple ovaire des animaux supérieurs. Tel polype hydraire produit par bourgeonnement une méduse ayant une individualité nette, des organes reproducteurs et nourriciers ; tel autre produit des méduses qui ne sont qu'un sac à œufs ; tel autre un œuf presque nu ; tantôt la méduse se détache pour une vie indépendante, et tantôt ne se détache pas et n'est plus qu'une glande reproductrice. L'Eudendrium ramosum a un sac stomacal inutilisé par le développement de l'œuf unique que contiennent ses parois.

C'est surtout dans la création des colonies que la fantaisie se donne carrière, et c'est là peut-être que la doctrine transformiste, absolument nécessaire dans cette circonstance, montre que rien ne lui est impossible. Nous allons essayer de dérouler les péripéties de ce drame étrange.

La planula d'une hydraire, vivant obscurément attachée au fond des eaux, s'est trouvée au sortir de l'œuf maternel dans une situation excessivement critique ; au lieu de se fixer sur les roches peu profondes des rivages, elle a été emportée vers la haute mer par une bourrasque inopportune ; impossible de jeter l'ancre et de se fixer. Que vouliez-vous qu'elle fît?... Qu'elle mourût ! C'était son devoir plutôt que de forfaire à son type, et des millions de planula dans la même détresse succombent *glorieusement* tous les jours ; et c'est pour cela que la nature produit beaucoup de planula, afin de compenser les risques. Elle n'eût pas pris ce soin, si toutes les planula avaient eu à leur disposition la ceinture de sauvetage de celle dont nous faisons l'histoire.

En effet, notre planula égarée, si elle n'avait pas de ceinture de sauvetage, sut au moins sous la pression de la nécessité qui la pressait, se créer un appareil de flottaison inconnu à ses ancêtres. On se demande d'où lui sont venus cette adresse, ce pouvoir, ce bon mouvement. Si toutes les planula, en pareil péril, arrivent au même résultat, c'est vraiment la force des choses, que cette force soit interne ou externe, qui produit ce dénoûment, mais comme toutes les planula sont loin d'avoir le même succès, ce n'est donc pas la force des choses qui a valu à celle dont nous parlons le privilège inouï qui l'a sauvée. C'est, nous dit-on, un accident. *Felix culpa* ! Mais toutes les virtualités de l'être vont protester pour le guérir de cet accident, au lieu de le perpétuer. Mais non, cet accident, cette vessie natatoire, c'est un avantage ; l'être a intérêt à le conserver, et malgré les lois physiologiques qui ne transmettent de la mère au fils, ni les jambes cassées, ni les kystes, ni les loupes, ce qui est bon à prendre est bon à garder. On peut bien se demander ce qui arrivera un autre jour, car la mer est changeante et les vents aussi ; ces planula flottantes, si un vent contraire les emporte au rivage, vont faire naufrage, et cette vessie, providentielle la veille, sera l'instrument de malheur qui va les empêcher de prendre pied sur les fonds paternels où vivent leurs ancêtres. Sans doute la force des choses, ou l'instinct de conservation, vont supprimer ce malencontreux appareil et les choses vont rentrer dans l'ordre. Bien que ce qui était bon à prendre fût devenu mauvais à garder, les planula sont restées affligées de leur appareil de suspension.

Cela ne suffisait pas, flotter n'est pas vivre. Pour fuir les rivages perfides, il faut des appareils locomoteurs ; pour saisir la proie, il faut des fils pêcheurs différents de ceux qu'on emploie sur les rivages ; pour digérer la proie, il faut des estomacs de bonne volonté ; pour se reproduire enfin, il faut des utilités péciales. On ne peut plus invoquer un accident, encore moins une finalité intelligente, ni la force des choses intérieures, puisque l'être déroge à son plan primitif, ni la force des choses extérieures qui ne produirait pas sur le même lieu des créations si diverses. L'embaras est grand pour expliquer le développement de cette colonie. Mais il reste une puissance, une divinité mystérieuse à invoquer Ανανγχη la nécessité ! Ah ! si l'on avait pensé, combien il eût été plus simple pour cette planula errante de se procurer une bonne godille pour retourner aux rivages paternels, mais dans le le monde transformiste il n'y a pas d'accidents pour la conservation des formes existantes, il n'y en a que pour la perturbation des types.

Que d'efforts pour sauver une planula ! Il faut la création d'une espèce, bien plus, la fondation d'une colonie. Si toutes les planula en péril, et en périls très divers, se tiraient ainsi d'affaire, planulas de gorgone, de corail, de zoanthaires, d'huîtres, la multiplicité des formes spécifiques n'aurait plus de terme. En songeant à la facilité avec laquelle *la nécessité* produit les choses les plus étonnantes et les plus compliquées, on se demande pourquoi tant d'êtres sont demeurés imparfaits, et succombent dans la lutte sous les coups des plus forts ? Chez les nations, dites civilisées, quand un peuple invente un engin de destruction nouveau, vite les autres inventent le moyen de s'en préserver, ou se munissent de moyens semblables ; et voilà pourquoi les escadres modernes se montrent les dents sans pouvoir s'entamer. D'après la théorie transformiste, les avantages acquis auraient dû depuis longtemps avoir dépeuplé la terre, par la raison que les mangés ayant pris leurs précautions, il n'y aurait plus de mangeurs. Il n'y en aura plus si le mangé devient d'autant plus coriace que le mangeur accroît les forces de sa mâchoire.

Mais revenons pour finir à notre thème ; une planula qui se noie, c'est une colonie qui se fonde.

La colonisation, puis l'individualisation, voilà les moyens employés par la nature, moyens qui ont permis à la substance vivante de s'élever (de progrès en progrès, mais aussi de ruines en ruines), jusqu'aux superbes hauteurs de l'intelligence humaine. On le voit, c'est un nouvel aspect du transformisme et nous n'hésitons pas à le reconnaître plus sérieux et plus scientifique que celui de Darwin. Nous avons vu la réponse de l'œuf, et nous avons montré les côtés discutables du système. Ses conséquences morales importent peu quand on reste sur le terrain scientifique pur. M. Ed. Perrier termine cependant son bel ouvrage par une page émue. Il a senti, et nous l'en félicitons grandement, l'étreinte matérialiste de sa doctrine, et dans un suprême effort, il cherche à s'en dégager, sans être sûr d'y être arrivé. Rien ne conduit, dit-il, dans la doctrine de l'évolution, à ne voir dans l'homme qu'une combinaison passagère, éminent périssable. Eh bien ! vous vous trompez, *au nom des grandes doctrines qui tentent de soulever un coin du voile étendu sur l'origine des choses*, vous devez condamner *comme de vaines illusions les consolantes croyances à une durée plus grande que celle de notre vie*. Si les êtres chéris dont vous parlez, et dont la mort a touché le front, peuvent encore ressentir l'affection que vous gardez pour eux, c'est que leur âme immortelle est autre chose qu'un « résumé de ce qu'il y a de plus harmonique dans les mouvements vitaux se transmettant à l'éther », et que le mystère de leur origine n'est pas dans la collectivité qui fit les éponges !

DARWINISME

La grande théorie transformiste de Darwin tient la corde parmi toutes celles qui ont été émises pour expliquer la vie, sa continuité et ses variations à la surface du globe. Que le lecteur se rassure, nous n'allons pas partir en guerre contre la célèbre doctrine, cela nous demanderait beaucoup trop de temps, un livre tout entier n'y suffirait pas. Nous dirons seulement que l'œuf a encore son mot à dire, et que parmi les obstacles qui se sont dressés sur la route de cette grande conception, l'œuf chétif et fragile n'a pas été l'un des moindres.

Il n'y a pas de progrès sans variation, il n'y a pas de variation utile sans transmission héréditaire. C'est par la transmission intégrale des héritages que les fortunes s'élèvent; il en est de même de celle des êtres sur les routes du perfectionnement. Malheureusement l'œuf est là, crible serré qui ne laisse rien passer de suspect. Il est dans sa nature même, dans sa loi, d'être un obstacle aux fantaisies évolutionnistes, L'œuf semble n'avoir été vraiment inventé que pour maintenir la pureté des types. Je sais qu'il y a des exemples de taansmissions étranges de caractères accidentels, je sais que souvent des modifications ont été fixées ainsi ; mais on peut dire que ces cas, malgré leur nombre, sont excessivement peu considérables par rapport à la permanence de la loi, et qu'on voit souvent l'œuf pris d'un beau repentir, reproduire fréquemment la forme pure après avoir subi des séductions momentanées.

Ainsi l'œuf ramène sans cesse l'être à son point de départ primitif, où la plastidule était indemne de tout préjugé. Cela se concilie difficilement avec une évolution durable.

La reconstitution d'une cellule germe est donc un retour en arrière, suivant l'heureuse expression de M. Ed. Perrier. C'est justement ce retour en arrière dont l'amplitude est égale au progrès réalisé, par le développement de l'être qui maintient le *statu quo*. Et quel retour énergique chez les êtres qui ont présenté la succession alternante d'états divers! C'est pour cela que la taille, même en dehors des caractères spécifiques, ne peut progresser indéfiniment. L'œuf est le symbole, non du progrès indéfini, mais de la conservation. Ce rôle est tellement dans sa nature qu'il ne comporte même pas lui-même dans ses caractères physiques extérieurs les modifications légères et passagères de l'être dont il provient. Toutes les variétés de poules, hupées, panachées, noires ou jaunes, font des œufs blancs, et la panachure des œufs d'autres espèces est toujours la même. L'étoile de mer n'a plus rien en elle de la planula qui fut son point de départ; le crustacé parfait n'a plus rien du nauplius qui fut un de ses états transitoires, et pourtant l'étoile et le crustacé retournent au sortir de l'œuf à la planula et au nauplius, ce qui montre l'inanité du progrès accompli en face des lois de permanence.

A chaque œuf la genèse de l'espèce, ce miracle recommence : ce miracle, dont le cauchemar avait fait inventer l'hypothèse de l'emboîtement des germes. A chaque phase reproductive, l'espèce redescend les degrés de la vie pour arriver à l'œuf, et remonter au faîte. Plus l'être est élevé dans la série, plus les distances à parcourir sont grandes. L'œuf de l'hydre n'est qu'une hydre contractée sur elle-même, contraction qui cesse à l'éclosion. La vie de l'espèce n'est dès lors qu'une suite de contractions et de dilatations, semblables à un mouvement respiratoire.

Quel abaissement pour l'être, descendant comme au tombeau dans l'œuf; quelle humiliation pour l'oiseau superbe qui planait au-dessus des montagnes! Que d'occasions de varier dans ces chutes et dans ces relèvements successifs, pendant lesquels l'être semble avoir perdu ses forces et ses armes. Voici telle espèce annuelle, le froment par exemple; il y a quelques jours il couvrait la terre de ses épis multipliés comme les sables de la mer. Gracieuse et légère, la plante se dressait au soleil; si le nombre fait la force, c'était une puissance. Septembre est venu, cherchez ces légions sous lesquelles le sol disparaissait, tout a sombré, nul coin privilégié, nul abri ne récèle un représentant égaré d'une race proscrite; une forme de vie, une noble espèce a disparu de la surface terrestre. Il n'en est resté debout aucune image qui puisse en perpétuer le souvenir, ou servir de modèle pour une reproduction du type. Cependant l'espèce *froment*, dont la figure vivante n'existe plus nulle part, n'est pas morte; si elle est descendue au tombeau dans l'œuf ou la semence, ce tombeau, comme celui de Lazare, ne s'est fermé que pour s'ouvrir bientôt. La belle graminée nourricière de l'homme, elle est là dans ce grain chétif et immobile qu'un charançon obscur tourne et retourne pour l'entamer. Les verdoyants tapis des sillons au printemps dernier, les moissons dorées de l'été, les tapis et les moissons de l'année prochaine, les voilà en tas dans ce grenier; les milliards de tiges fleuries qui comme leurs devancières courberont leurs têtes sous les souffles de juin, ils sortiront de ce monceau de poussière, semblables aux précédentes, semblables entre elles, pareilles à celles des étés lointains des siècles à venir. Ces grains de blé abandonnés par Hayes dans un coin du pôle nord, par 84° de latitude, ont subi pendant quatre hivers les froids qui congèlent le mercure, et cependant de beaux pieds de froment en sont sortis aux bords de la Tamise dans les jardins de Kew. D'autres ont dormi pendant quarante siècles dans les tombeaux de l'Egypte, et ces fils de blés Pharaons, semblables à leurs pères, ont peut-être hier courbé la tête pour laisser passer les boulets lancés par les trains blindés de Volseley. Je m'imagine une suite de cataclysmes ayant ravagé la surface terrestre, ayant éteint pour toujours les plus nobles formes, et l'espèce froment disparue elle-même. Ce ne serait ni en perfectionnant l'orge, le seigle ou l'épeautre, qu'on referait la plante chère à Cérès; tout espoir serait perdu de revoir sur la surface rassérénée du globe les moissons qui en firent l'orgueil.

Un jour cependant un antiquaire français (c'est une supposition) put croire avoir trouvé dans un tombeau celtique quelque chose qui ressemblait à un grain de blé. Les nations déshéritées saluèrent cette nouvelle avec enthousiasme, des récompenses magnifiques furent promises à l'heureux antiquaire, si ce grain miraculeusement sauvé gardait la vie. Les foules furent admises à le contempler. On l'avait placé pour lui faire honneur dans l'écrin qui avait contenu le Régent, ce bijou de famille que la République avait vendu. Une garde veillait près de lui pour le défendre de l'approche de calandres indiscrètes ou de la convoitise des puissances européennes. Il fut enfin confié à une commission composée des sommités scientifiques du pays, commission qui devait *cultiver* ce grain providentiel. Jamais dauphin ne fut entouré de tant de sollicitudes, et ce plébéien courut plus de risques que s'il avait été abandonné dans l'ornière d'un champ. Cependant, enfin, malgré tant de soins et de savantes lunettes braquées sur lui, le sommet verdoyant de la tigelle parut un jour. Des salves de deux cents un coups de canon saluèrent cet heureux évènement.

C'était en effet plus que la naissance d'un fils de roi ou d'empereur, mais la renaissance de l'une de ces formes de vie sans lesquelles l'existence de millions d'hommes à travers les siècles devient misérable. Une feuille transformiste du temps faillit compromettre la joie générale, en glissant légèrement que le froment qui allait sortir de ce grain, pourrait bien être *un froment perfectionné*, tant les conditions de son évolution avaient été différentes de ce qu'elles sont ordinairement. Les bureaux du journal faillirent être saccagés par la foule, mais on ne le crut pas. On demeura certain, par tradition, que puisque la vie s'était réveillée dans ce germe endormi, il allait reproduire la figure bénie de ses ancêtres. On vit d'avance les milliards de beaux épis qui allaient sortir de ce germe unique; on demeura convaincu que la terre allait encore se couvrir de ces belles moissons, de ces gerbes dorés qui avaient consolé et nourri les hommes. L'essor qui emportait le relèvement du prix des terres dans la Beauce désolée ne se ralentit pas, on continua de construire partout des fours; de relever les halles au blé, on resta persuadé qu'on allait manger du pain. On ne s'était pas trompé : peu d'années après la terre était couverte d'épis. Il n'y eut qu'une différence, c'est que les blés se ressemblèrent beaucoup plus qu'autrefois. Toutes les variétés culturales, produits de modifications légères avaient disparu, c'était du froment nu. On se consola facilement de la perte des froments barbus, la plante chérie semblait sortir rajeunie de ses longues épreuves, la barbe lui viendra assez tôt, disait-on, l'important c'est qu'on mangeait du pain.

A la fin de septembre quand les premières nuits fraîches ont constellé le firmament, les beaux papillons disparaissent aussi un à un. Que sont devenus ces messagers brillants qui portaient le pollen d'une fleur à l'autre? Se sont-ils réfugiés, comme les hirondelles, vers les contrées plus tièdes, ou repliant leurs ailes poudreuses se sont-ils endormis sous les écorces dans le tronc des vieux chênes, ou dans les lézardes de quelque masure abandonnée? Non, ils sont tous morts, l'espèce a disparu du monde. Plus rien qui la rappelle, l'oiseau a fait disparaître ses derniers vestiges. La nature elle-même semble avoir pris le deuil de ces élégantes formes de vie évanouies au déclin d'un jour d'automne; le souffle du printemps prochain ne les ranimera pas. Mais non, cherchez bien, autour des rameaux de plantes aimées par ces beaux lépidoptères, et vous apercevrez, si vous avez de bons yeux, des anneaux formés par la réunion de perles obscures et microscopiques. Ce sont des œufs! La température précise qui fera pousser ces feuilles fera germer les œufs, et vous reverrez en juin ces phalanges butinantes, reproduisant trait pour trait la vision disparue.

Voilà l'œuf et son rôle conservateur. Il faut que l'espèce soit bien solidement assise pour retrouver ses énergies dans l'acte même qui l'humilie dans l'œuf, tandis que le bourgeonnement continu qui l'étend et la glorifie quelquefois, a le secret de sa faiblesse devant des ennemis chétifs et invisibles.

Quand M. Ed. Perrier nous montre que chez les polypes hydraires la reproduction agame, c'est-à-dire par bourgeons, permet à toutes les modifications individuelles de se transmettre, d'où une grande tendance à la variabilité quand il ajoute aussitôt que la génération sexuée, l'œuf, ramène sans cesse à une moyenne, *relativement* constante, les formes sollicitées à varier par les conditions extérieures, il a parfaitement raison ; c'est le véritable aspect des choses et nous lui passons le mot *relativement*, qui n'est là que pour la galerie transformiste.

Ainsi, l'œuf est la pierre d'achoppement de la théorie

évolutioniste. Sa loi est non-seulement de transmettre intégralement et sans diminution les virtualités de l'être dans ce qu'elles ont d'essentiel et de véritablement spécifique, mais de s'opposer au passage de tout ce qui pourrait altérer le type. La transmission de certaines variations, de certaines altérations morbides ou autres, est certaine; cette transmission peut se prolonger. M. Ribot, dans son beau livre sur l'hérédité, en a énuméré un grand nombre qui sont fort intéressantes; mais qu'on y fasse bien attention, ces variations ne sont pas durables et surtout elles n'engagent en rien l'espèce.

L'instinct est assurément ce qu'il y a de plus délicat et de plus incompréhensible dans cette transmission héréditaire. Elle se fait avec une fidélité extraordinaire. Là, les variations sont d'une rareté excessive. L'œuf de l'insecte emporte d'un individu à l'autre les mêmes habitudes, les mêmes manœuvres, les mêmes soins dans la construction de la loge qui abritera les œufs et la recherche de la subsistance qui nourrira les larves. L'œuf de l'oiseau contient tout l'instinct de la mère, et toute la vigilance du père l'art architectural typique déployé dans la construction du nid y est exactement conservé. C'est que ces instincts, ces habitudes, sont réellement plus spécifiques que tel ou tel détail de forme, de couleur, de plumage. Le merle blanc qui n'est pas spécifiquement distinct du merle noir, construit son nid absolument de la même façon que ce dernier. Certains écureuils très semblables de vestiture et d'aspect avec les nôtres sont fouisseurs, tandis que les nôtres bâtissent leurs nids sur les arbres, aussi ce sont des espèces distinctes.

Entre les conformations du pinson, du linot, du bouvreuil, il n'y a rien qui explique la diversité de leur architecture. C'est une habitude invariablement transmise par l'œuf, et plus spécifique peut-être que la forme du bec. Je comprends que l'œuf et le chant du rossignol soient invariables comme les organes qui les émettent. La forme et les matériaux du nid ont moins de corélation avec la nature du bec et des pattes.

Quand Lamarck dit que « ce penchant des animaux à la conservation des habitudes et au renouvellement des actions qui en proviennent, étant une fois acquis, se propage ensuite par la voie de la génération, qui conserve l'organisation et la disposition des parties dans leur état obtenu, en sorte que *ce penchant existe déjà dans les nouveaux individus avant qu'ils ne l'aient exercé* », il y a contradiction dans les termes. Si la génération est conservatrice de l'organisation et de la disposition des parties, comment laisse-t-elle s'introduire les penchants nouveaux qui correspondent sans doute à quelque modification cérébrale? Est-ce que les fils des chiens savants sont des chiens savants, et les fils des mathématiciens toujours des mathématiciens? Les habitudes transmises sont *des habitudes spécifiques* et non *des penchants*. L'art de l'oiseau n'est pas acquis, il est l'oiseau même, et transmissible, c'est un caractère d'espèce. L'art de l'homme est acquis, il ne se transmet pas. Le pinson est un espèce, parce que le pinson bâtit son nid de telle et telle façon; l'homme n'est pas un espèce, parce qu'il bâtit des huttes ou des palais, ni parce qu'il fait des poèmes ou des comédies.

L'œuf devient ainsi la pierre de touche des caractères. Il transmet fidèlement et constamment les caractères spécifiques fondamentaux. Il transmet irrégulièrement les modifications acquises qui pourraient porter atteinte à l'espèce; il peut transmettre avec fidélité et constance les caractères peu importants qui constituent les races, et cette transmission offre accidentellement des lacunes qui ramènent l'être au type originel. De temps immémorial; les Chinoises se torturent le pied sans être parvenues à naître avec des petits pieds. Toutes nos femmes se percent les oreilles depuis des époques très reculées, sans que nos enfants soient jamais nés avec les oreilles percées.

Il est facile de comprendre qu'une modification légère n'engage pas le type spécifique et que l'œuf qui est le symbole, la formule du type, ne transmette pas cette variation. Elle n'a, en effet, déterminé aucune variabilité corélative.

Un homme naît avec un pied-bot ou avec deux pouces à la main. La loi de corélation, qui, d'après Darwin, doit tout harmoniser, entre en jeu. Par la force des choses, l'autre pied deviendra-t-il pied-bot. On ne voit pas pourquoi, le bon pied tirant à lui avec une force égale au pied-bot, il céderait. Un herbivore naît avec une toute petite tendance vers les dents canines, premier pas vers le type carnassier. Qui va l'emporter? Le type carnassier, manifesté par une insignifiante variation, va-t-il révolutionner le type herbivore qui domine dans tout le reste de l'organisme? Si la loi de corélation exigeait que le type herbivore succombe, ce serait une loi d'insubordination manifeste, capable d'introduire le désordre dans la nature. Quand bien même tout l'appareil dentaire d'un herbivore serait subitement devenu ce qu'il est chez les carnassiers, l'estomac va-t-il obéir? Assurément non, il refusera le service et ce défaut d'harmonie entre deux organes essentiels, amènera la ruine de l'être. On ne peut admettre que la tendance A soit capable de dominer les tendances BCD, quand on refuse aux tendances BCD le pouvoir de ramener A à l'ordre. Le principe de la variabilité corélative, c'est le principe de la révolte organique. Elle a pour adversaire une loi de corélation conservatrice qui s'exerce sans cesse, grâce à l'œuf, et fait rentrer dans le rang les insubordonnés qui rompent l'alignement. Il n'y a pas de transformations brusques et considérables, et la sélection ne conservant que les modifications utiles à l'espèce dans le combat de la vie, une variation insignifiante n'ayant pas ce caractère ne peut être transmise par l'œuf. Dans une forme bien harmonisée comme elles le sont toutes, la modification même légère, peut être au contraire une cause de trouble ; c'est le grain de sable qui fait grincer une lourde porte. Le grain de sable est broyé, il en est de même de la modification légère, elle disparaît sous l'influence des forces existantes.

Qu'elles soient avantageuses ou désavantageuses, les modifications accidentelles constituent un trouble là où tout est harmonisé, les conditions extérieures restant les mêmes. On n'a jamais vu le reste de l'économie, s'adapter, par exemple, à une insuffisance mitrale, par une modification corélative dans le rhytme de la respiration et de la circulation.

Dans la profondeur même des tissus, toute variation d'un élément histologique rencontrerait des hostilités puissantes. Chaque espèce a ses arrangements cellulaires particuliers, et la spécialisation ne réside pas seulement dans la forme et la disposition des organes formés de tissus divers. Les progrès des études histologiques, l'art des coupes poussé très loin, a démontré ce fait important. Dans le règne végétal par exemple, il n'y a pas deux plantes d'espèces distinctes, chez lesquelles l'arrangement cellulaire soit le même. Les coupes de racines, de tiges, de semences, font saisir entre elles d'énormes différences, et le microscope peut être un instrument de détermination d'espèces aussi puissant que l'étude des formes extérieures. Toute modification légère rencontre donc, non seulement l'opposition des formes générales avec lesquelles elle entre en lutte, mais la barrière infranchissable des arrangements histologiques bien définis, bien arrêtés. Une simple cellule modifiée devrait en raison de la loi de variabilité corélative, entraîner la modification de tout le plan cellulaire, plan cellulaire parfaitement en rapport avec les besoins de la plante. Il serait difficile d'admettre avec M. L. Dumont qu'une cellule gouverne aussi la disposition d'un élément histologique, quand cette infime unité insubordonnée, voit se dresser devant elle des millions et des millions d'éléments qui ont intérêt à garder leur type. L'œuf d'ailleurs transmettra-t-il cette miniscule variation cellulaire, qui, pour compter et agir aurait besoin de s'accumuler? Assurément non. La plante est un tout défini, arrêté, jusque dans ses moindres détails. L'arrangement cellulaire est aussi spécifique que le nombre des étamines ou des pistils. Cet arrangement cellulaire manifeste son invariabilité par la nature de ses produits morphologiques et mêmes chimiques. C'est parce qu'ils sont invariables dans leurs profondeurs intimes, que la plante garde son type morphologique. C'est aussi pour cela que dans ses conditions naturelles elle fait dans ces cellules des synthèses invariables; des essences, des térébenthines, des corps gras, des alcaloïdes, quinine, atropine, strychnine, dont la composition atomique précise, déterminée, à un atome près, indique la conservation totale, entière, complète, de ces laboratoires et de l'arrangement cellulaire qui les constitue. L'œuf ou la semence conserve toutes ces virtualités, non moins délicates que l'instinct. Cette semence de pavot, prise au hasard parmi les trente mille semences que fournit un seul pied de *papaver*, nous offrira sous le microscope un arrangement cellulaire identique à celui de ses sœurs. Les milliers de cellules qui la constituent ont la même forme, la même place que dans les autres semences, et contiennent les mêmes substances, parmi lesquelles on chercherait en vain un atome de morphine. C'est à cette identité dans l'œuf végétal et à l'invariabilité des moindres parties de cette infiniment petite semence de pavot, que sont attachées les virtualités d'où sortira une nouvelle plante, un nouveau *papaver*, sécrétant dans ses cellules invariables l'étonnante série d'alcaloïdes nombreux, invariables aussi dans leur composition atomique. Voyez cette plaine de 50 hectares, cultivée en pavots dans l'un de nos départements du nord. Calculez le nombre de pieds, et le nombre de semences de pavot qui en sortent par milliards. Pas une ne dérogera à son type, malgré les différences de place du pied mère ou de la graine elle-même dans la capsule qui l'a produite. Et d'année en année sur d'autres étendues, de siècle en siècle, malgré les variations des saisons, des sols, des engrais, la semence conservera le type, éliminera les modifications les plus légères qui auraient tant d'occasions de s'y glisser.

Les exemples de ce rôle de l'œuf sont plus surprenants encore, peut-être, dans le monde animal. Un couple de harengs à la vingt-deuxième génération, s'il n'y avait pas eu de pertes, aurait produit une masse d'êtres représentant dix fois le volume de la terre! Les individus que nous observons sont les survivants ou les représentants pris au hasard de cette incalculable fécondité. Combien de milliards et de milliards d'œufs ont-ils été pondus. Combien de milliards d'occasions de variabilité dans l'œuf ont-elle été offertes au hareng pendant ces vingt-deux années seulement? Calculez, si vous le pouvez, le chiffre des occasions offertes depuis dix siècles seulement, et, en présence de l'invariabilité certaine du hareng pendant ce laps de temps, dites-nous, si nous devons nous mettre en quête d'autres preuves pour démontrer la fixité des organismes. Cette fixité de l'organisme dans le hareng, est celle de détails infiniment multiples dans leur nombre et dans leurs rapports. Rien de compliqué comme la tête d'un poisson avec ses pièces nombreuses et bizarres et les milliers d'arêtes et de muscles qui forment sa charpente.

Ainsi l'œuf a sa consigne et sa loi contre laquelle se heurtent les doctrines transformistes. Il obéit à la loi de son type, *perinde ac cadaver*. N'est-il pas, en effet, une cire molle recevant toujours la même empreinte. Son impassibilité même est le gage de son obéissance à la première action qui le pousse dans une direction donnée. Cette substance malléable de l'œuf, par cela seul qu'elle est influencée au moment où elle prend naissance, nous dirions presque avant que de naître, résiste aux autres sollicitations qui l'entraîneraient si facilement dans son état non arrêté. C'est là le mystère de l'œuf.

Les transformistes qui veulent que l'embryon repasse dans l'œuf par les formes successives de l'être dans la durée, n'admettent pas que dans ce voyage il puisse subir la moindre modification, alors que l'être dans sa forme arrêtée en aurait tant subi, c'est une contradiction.

LA GÉNÉRATION SPONTANÉE

La célèbre formule de Harvey fût un véritable cri de guerre contre la théorie de la génération spontanée, opposant un ovoporisme absolu au sponteparisme relatif des hétérogénistes. Nous n'allons pas refaire l'histoire de ces grandes luttes, luttes éternelles, luttes sans cesse renaissantes dans l'arène desquelles toutes les générations scientifiques descendent tour à tour. A l'heure actuelle, la doctrine sur le drapeau de laquelle on peut lire : *omne vivum ab ovo*, paraît triomphante. Les travaux de Pasteur semblent lui avoir assuré un succès définitif. Le grand observateur a pu remonter à la source des manifestations vivantes les plus obscures, et montrer, dans toutes les circonstances, l'œuf et la porte par laquelle il était rentré. Chaque fois au contraire que cette porte a été suffisamment bien fermée, nulle vie ne s'est montrée là où on s'efforçait de la faire naître. La question a pris un intérêt considérable, le jour où il a été reconnu que les ferments étaient des microbes et non des principes organiques, et le jour surtout où ces mêmes microbes ont apparu comme étant la cause des maladies de l'homme et des animaux.

Les problèmes du plus haut intérêt pour la science et l'humanité, se sont trouvés portés sur le terrain même de l'œuf. Si tout être vivant vient d'un œuf, tout ferment vivant, tout microbe a son germe ou son œuf. Reconnaître cet œuf malgré son invisibilité et sa petitesse, le suivre dans ses migrations infinies à travers les airs, les eaux, les organismes, savoir comment on peut préserver les organismes et les milieux du contact de ces germes qui traversent jusqu'à seize filtres les plus serrés sans être arrêtés, qui résistent aux températures élevées, telle a été l'œuvre de ces dernières années, et l'on peut dire que les résultats ont été hautement favorables à la doctrine de Harvey dans le plus grand nombre des cas, et rarement douteux.

De là est née cette vue originale du panspermisme, si critiquée, si combattue par les adversaires de l'homogénie ou oviparisme. C'était cependant une conséquence forcée du principe reconnu vrai, que la vie ne se montrait jamais là où les germes n'existaient pas ou ne pouvaient être apportés. Il est peut-être étrange qu'un œuf frais pondu et cassé, se montre au bout d'un quart d'heure plein de microbes, qu'un liquide apte à servir de substratum à telle ou telle fermentation, trouve juste à point dans l'air ambiant, l'œuf de l'organisme auquel il pourra servir de nourriture. C'est étrange assurément, mais tout est merveilleux dans cet histoire de l'œuf. Un milieu organique liquide ou solide est à la fois un milieu d'incubation et un milieu nourricier. Si vous placez dix œufs différents dans le nid d'une poule, tous n'écloront pas, il n'y aura à donner des résultats que ceux auxquels les conditions d'incubation de la poule convenaient. Cent œufs ou germes de microbes différents sont apportés par l'air dans un milieu déterminé ; il n'y aura à éclore que les œufs ou germes de microbes auxquels auront convenu les conditions d'incubation. De plus, une fois l'éclosion d'un certain nombre d'œuf accomplie, il n'y aura à survivre que l'organisme pour lequel le milieu contiendra des principes assimilables. Et c'est pourquoi malgré l'ensemencement d'un milieu par tous les germes répandus dans l'air, un petit nombre, un seul même le plus souvent, prospère. Comme dans le nid ou le coucou va pondre, un seul organisme, le mieux doué, ou plutôt le mieux adapté, triomphe.

En présence de ces résultats favorables à l'homogénie, l'hétérogénie a dû modifier son plan d'attaque ou de défense. Loin d'eux, on le sait, la pensée de demander à la génération spontanée la production d'un être arrivé par des modifications lentes et successives a un état plus ou moins avancé. Ils ne s'agit même pas d'une souris. Un infusoire supérieur lui-même est un être trop compliqué pour pouvoir naître spontanément ; il est déjà le fruit de longues transformations. Plus modestes aujourd'hui, les adeptes réclament tout au plus des forces plastiques de la nature, la genèse de ces organismes les plus simples, microzoaires ou microphytes, réduits à des éléments simples comme le sont les monères par exemple, êtres sans complication aucune.

Réduisant encore leurs prétentions, ils se contenteraient volontiers de la production, non plus de protophytes ou de protozaires, mais de pseudorganites, zymares ou blastèmes amorphes, qui n'ont pas reçu l'étincelle de la vie, mais qui ont tout ce qu'il faut pour la mériter ; et devenir zoogènes, phytogènes ou même phytozoogènes.

Ces zymares ou blastèmes, dériveraient sans cesse du monde inorganique, y retourneraient sans cesse, créés et détruits par l'influence des agents impondérables. Glaire primordiale ou bathybius universel, voilà le point de départ de la vie, voilà ce que peut à une époque de décadence la force plastique de l'univers. M. Léon Marchand qui dans sa botanique cryptoganique résume avec savoir et impartialité ces doctrines, déclare mélancoliquement que l'autogénèse ou génération spontanée des anciens jours, des jours primordiaux, a cédé le pas à la génération par engendrement, c'est-à-dire à celle dont l'œuf est le principe. Que ses œuvres actuelles apparaissent, qu'elles essaient de vivre sous la forme de pseudorganites, mais qu'ils sont rejetés au creuset, et n'ont qu'une existence éphémère sans arriver à l'individualisme. Ce serait par hasard que quelques-uns arriveraient à se faire admettre dans les derniers casiers des règnes vivants, mais sans souffle et sans vigueur, ils succombent devant les formes anciennes, sans cesse régénérées dans l'œuf. Ces considérations nous dictent une traduction plus libre mais non moins vraie de l'aphorisme d'Harvey — *omne vivum ab ovo* — c'est celle-ci : tout bon vivant vient d'un œuf.

L'idée que toute apparition d'être vivant a pour point de départ un œuf, est tellement entrée dans les idées et dans la science, que ce n'est pas seulement à des germes prochains, récents, que l'on a cherché à rattacher ces organismes spéciaux, qui portent le nom de microbes et de ferments, et qui surgissent dans les conditions déterminées, des maladies et des fermentations. C'est bien plus haut que M. Béchamp fait remonter leur filiation. Il a signalé dans les calcaires anciens des corpuscules microscopiques qu'il nomme des mycrozymas. Ce sont ces existences endormies depuis des millions de siècles qui se réveillent soudain, constituent la matière vivante prennent des formes diverses suivant les milieux, bactéries ou vibrions, ferments variés de la bière, du lait, du sucre; ce sont ces infiniment petits d'un autre âge, qui sont les œufs des microbes qui nous tuent, ou des microphites générateurs des boissons fermentées qui nous réjouissent. Dans la tristesse ou la gaieté, dans la mort ou dans la vie, répétons donc l'adage certain, *omne vivum ab ovo.*

THÉORIE DE LA GÉNÉRATION HÉTÉROGÈNE

Un mot tombé de la plume de l'un des darwinistes les plus autorisés, Haeckel, me semble projeter une lumière éclatante sur toute la philosophie transformiste, et faire comprendre son but et son succès formidable à l'heure particulière où nous vivons. « Le fait de l'origine animale de l'homme nous importe seul. » Méditez cette parole effrayante de sincérité, méditez cet aveu sorti des entrailles de la doctrine célèbre et gravé désormais en caractères ineffaçables au frontispice du temple, tout le transformisme est là.

En vain, Lamarck a reconnu formellement une intelligence divine derrièreles lois de la nature en vain Darwin a réservé le point de départ des organismes, et entrevu la puissance créatrice, Dieu, si relégué qu'il fut dans un lointain insaisissable, si abaissé qu'il fut par l'unique coup de pouce qu'il ait donné à la machine, ou par la création de la chétive monère originelle, Dieu grandissait d'autant plus qu'on rapetissait sa coopération nécessaire au grand œuvre de l'univers. Du Bois Raymond l'a dit avec un grand bon sens : « Il n'y a pas de milieu, dès qu'on n'abandonne pas absolument tout au hasard des épicuriens, dès qu'on livre à la téléologie le bout de son petit doigt, on tombe fatalement jusqu'à la *théologie* naturelle. » Mais combien il se trompe quand il prétend que le savant moderne convaincu qu'il ne sait rien, et qu'il ne saura jamais rien sur la matière, sur la force, sur la pensée « ne prend pas le vertige sur les hauteurs du pyrrhonisme, et dédaigne de combler avec les fantaisies de son imagination, l'abîme béant qui s'ouvre autour de lui. » Le mystère qui cache un *peut-être* n'est pas un oreiller commode, et le matérialisme contemporain n'y pouvait dormir ; c'est son tourment, mais c'est aussi son honneur. Il ne lui était pas permis avec M. Du Bois Raymond « de contempler sans crainte le mécanisme impitoyable de la nature dépouillée de la divinité » avant d'être bien certain qu'il n'y avait aucun esprit caché dans ce mécanisme terrible ; et c'est parce qu'il a cru que le darwinisme lui en apportait la preuve indiscutable par la théorie toute mécanique de la sélection, qu'il a fait au grand naturaliste et à sa théorie le triomphe que nous savons. Mais qu'on en soit bien persuadé, s'il ne s'était agi que d'un point de science pure, de faire descendre par exemple un vertébré, l'amphioxus, d'un invertébré, tunicier ou autre, l'émotion n'eut pas été si profonde, ni le succès aussi considérable. Mais l'homme était en cause, ses origines, sa destinée, et le darwinisme le débarrassant du cauchemar de la divinité, le matérialisme contemporain crut sincèrement avoir enfin trouvé le repos entre la forme grimaçante d'un catharrinien disparu, et les probabilités indifférentes d'un devenir terrestre quelconque. « Le fait de l'origine animale de l'homme lui importait seul. »

Un autre transformiste, Broca, dans un aveu sincère a parlé aussi de « cette hypothèse dont la hardiesse étonne, indigne même beaucoup d'esprits attachés aux croyances les plus répandues, mais qui par là même *attire aisément à elle les esprits impatients de se soustraire au joug des dogmes.* » Le nombre de ces derniers était immense, on comprend ce qui s'en suivit : ce fût un entraînement. Aux allures timides des maîtres, aux réticences mêmes de Darwin et de Richard Owen, aux objections de savants consciencieux et prudents, aux résistances de ceux qui maintenaient la science au-dessus des passions du jour, il fût répondu par une affirmation bruyante, par un *credo* catégorique.

Il s'en fallait pourtant que le transformisme eût fait ses preuves pour les esprits vraiment scientifiques. L'un des plus éminents, Broca, lui-même, ruinait la sélection naturelle par une argumentation puissante et n'en déclarait pas moins rester transformiste « par nécessité philosophique, » ce qui ressemble beaucoup au *joug des dogmes.* C'est, en effet, une loi fatale, on ne se soustrait au joug des dogmes qu'en en acceptant d'autres. Wirchow l'a bien exprimé, à propos de la génération spontanée, et le raisonnement peut s'appliquer à la succession des espèces. « Si je ne veux pas croire qu'il y ait eu un Créateur spécial qui ait pris une motte de terre et l'ait animée d'un souffle vivant, si dans ce cahos je veux me faire un verset, je dois recourir à la génération spontanée : *tertium non data.* Quand une fois on dit : « Je n'admets pas la création, mais je veux une explication, » ceci est la première thèse, mais on doit alors arriver à la seconde et ajouter : « *ergo,* j'admets la génération spontanée, » mais nous n'en avons pas de preuve effective. Personne n'a jamais vu se produire devant soi une génération spontanée ; « ceux qui disent le contraire sont contredits par les savants et non par les théologiens. » Même raisonnement pour le cas qui nous occupe. On ne veut pas d'espèces créées, il faut des espèces transformées. Des savants, qui ne sont pas des théologiens, disent qu'il n'y a pas d'exemple de transformation ; tant pis pour ces savants qui vont à l'encontre des *nécessités philosophiques* du jour.

Mais les jours d'enthousiasme sont passés, et Darwin avant sa mort, a pu percevoir des notes discordantes mêlées aux ovations de la foule. Celle-ci dormira quelque temps encore satisfaite d'avoir échappé aux dogmes en se refugiant dans les bras du Catharrinien qui brille dans son passé, mais plus haut le rêve aura peu duré. Darwin a disparu de la scène, son incontestable sincérité n'aura pas à souffrir des disgrâces prochaines, et sa gloire sera toujours, comme le dit Du Bois Raymond, « d'avoir adouci *quelque peu* ce tourment de l'intelligence méditant sur le monde. » Cependant, le grand édifice se lézarde sous les coups qui lui sont portés par une philosophie allemande, raisonneuse et indiscrète. Ce n'est plus le lieu du repos pour les intelligences. La finalité reparaît partout ; un esprit, diabolique ou divin, hante de nouveau le grand mécanisme de l'univers. La parenté des formes semble beaucoup plus idéale et systématique que généalogique ; la conception mécanique de la sélection tombe en miettes, on n'y croit plus en haut. Le péril grandit. L'aveugle nécessité croule, la *nécessité philosophique* ne constitue pas un domicile, le vagabondage scientifique est flagrant, l'antre des vieux dogmes est ouvert, mais au sortir du Catharrinisme la transition serait trop brusque et les refroidissements sont dangereux. Une bâtisse toute neuve ou fraîchement restaurée se présente, elle a pour enseigne : *Théorie de la génération hétérogène* : ce n'est peut-être qu'un asile de nuit, peu importe, une nuit n'est pas bonne à passer dehors, on entrera.

Commençons par dire que la théorie de la génération hétérogène n'a rien de commun avec l'hétérogénie, un des noms de la génération spontanée. Elle suppose un œuf produit régulièrement et fait de cet œuf le théâtre des métamorphoses dont la théorie transformiste plaçait le développement chez l'être tout formé. La théorie de la génération hétérogène nous intéresse donc tout particulièrement, point n'est besoin de la citer comme les autres à la barre de l'œuf, elle y vient d'elle-même.

Henri Baumgartner avait développé cette théorie avant que les doctrines de Darwin fussent bien connues. C'est Kolliker qui l'a nomma comme nous venons de le dire. Elle est défendue avec conviction et talent par M. Ed. De Hartmann, l'éminent auteur de la philosophie de l'Inconscient, dans une plaquette très intéressante, dirigée contre le Darwinisme. Wigand prétend lui substituer ce dernier système.

La colonne fondamentale du transformisme, la sélection naturelle, étant fortement ébranlée, le grand édifice de la descendance des êtres se trouve menacé de crouler. Il faut, sinon remplacer cette colonne du temple, la soutenir et la renforcer par un étai puissant. C'est là le rôle auquel aspire la *génération hétérogène*.

Le transformisme modifiait graduellement et lentement les types, par une sommation de variations infinitésimales déterminées au hasard, sans direction préconçue, par l'action de causes extérieures. L'hypothèse de la génération hétérogène nous montre le premier œuf de l'espèce nouvelle, l'œuf de l'espèce dérivée, prenant naissance dans l'ovaire d'une espèce existante et parente, sous l'influence de modifications embryogéniques dès les premiers moments de l'évolution. C'est donc une transformation subite, et ce qui est surtout important à signaler, une transformation déterminée, non plus par des causes fortuites externes, mais par la force d'une évolution interne conforme à un plan.

On voit les rapports du nouveau système avec le Darwinisme, c'est aussi une théorie de la descendance, mais les différences sont profondes. C'est la métamorphose subite du germe, réalisant un saut dans la série phylogénétique. C'est surtout une intervention d'un principe métaphysique actif, qui n'est autre chose que l'*idée directrice* de Claude Bernard, appliquée, non pas seulement au développement de l'individu dans l'œuf, mais à la série des formes successives qui s'échelonnent à travers des siècles géologiques vers un but connu du Créateur, et d'après un plan déterminé Chaque modification du germe arrive à son heure.

Le transformisme n'avait adopté les modifications lentes, infiniment légères des types, que parce qu'il sentait l'impossibilité de recourir aux modifications brusques, étendues, que l'expérience repousse; ainsi tous les arguments recueillis par lui contre ce mode d'évolution se dressent contre la génération hétérogène. Le transformisme a dû ses succès populaires à cette circonstance, qu'il était une conception purement mécanique du processus évolutif, se déroulant au jour le jour, sans direction, sans conscience. La théorie de la génération hétérogène, nous ramène sur le terrain de la métaphysique, elle n'est pas exclusive d'une pensée créatrice. De Hartmann l'indique clairement : « Quiconque prend à cœur la dignité, la sagesse du Créateur, doit avouer qu'elle ne subit à coup sûr aucune atteinte, si l'action du principe métaphysique dirigeant le processus d'évolution se répartit en impulsions infiniment petites sur la durée totale du processus, plutôt que d'être concentrée au point de départ, et de s'épuiser dans l'évolution même. » On comprend, comme le dit l'auteur, que nous venons de citer, que c'est là précisément ce qui a le plus effrayé les savants attachés aux concepts mécaniques. Aussi l'accord sera-t-il difficile, bien que De Hartmann soutienne que les deux façons de concevoir la descendance ne sont pas exclusives l'une de l'autre, mais doivent se donner un mutuel appui. Le biologiste allemand veut bien du transformisme, mais à titre auxilliaire seulement, dans un rôle très secondaire; mais s'il fallait choisir entre lui et la génération hétérogène « l'édification du règne organique par celle-ci, sans transformisme, lui apparaîtrait au moins comme *très possible*, tandis qu'il déclare qu'elle serait au contraire, *complètement impossible*, par le transformisme agissant seul.

Pour nous, il nous semble qu'il faut choisir entre les deux conceptions. Si la nature peut à un moment donné métamorphoser le germe de l'œuf, cela suffit pour établir la descendance des formes successives; il n'est plus besoin du transformisme. Qui peut le plus n'a pas besoin du moins, ou pour nous servir d'une expression pittoresque de De Hartmann : « la nature n'associe jamais à ses créations un lest inutile ». Comment d'ailleurs l'accident né de causes externes, source des modifications pour le transformisme, pourrait-il travailler d'accord avec le principe métaphysique de l'évolution interne, marchant vers un but; un hasard inouï pourrait seul amener l'accord dans une même direction. La force évolutive interne n'a pas au contraire d'ennemi plus dangereux que le transformisme extérieur, et il faut à cette force une énergie puissante pour conduire sans déviation les types dans la route qui leur est tracée, vers le but qui leur est assigné.

Pour nous, défenseurs convaincus de l'intelligence dans le monde, la théorie de la génération hétérogène n'a rien d'inconciliable, au fond, avec nos principes; entre notre manière de voir et celle-ci, il y a la même différence qu'entre un train direct et un train omnibus, ayant les mêmes points de départ et d'arrivée. Pour nous, l'espèce, sans stations intermédiaires, est arrivée d'emblée au terme de son évolution; pour les partisans de la génération hétérogène, l'espèce est arrivée ou arrivera au terme de son évolution, après une suite d'arrêts et de départs. Les arrêts, ce sont les formes successives; les départs ou modifications se font dans l'œuf. Dans les deux conceptions, le train ou la vie, suivent la même route vers un but déterminé d'avance. Pour les premiers, c'est le train de départ ou l'être complet qui sans changement arrive au but; pour les seconds, le train et l'être se complètent dans les stations intermédiaires, de la vie ou de la voie.

Qui jugera entre les deux opinions? Evidemment ce sera l'œuf. C'est devant ce tribunal des conflits biologiques que nous allons encore porter le débat. Quoique nées pour la plupart de la *nécessité philosophique*, le plus grand nombre des théories que nous venons de parcourir, ne se sont cependant pas crues autorisées à demander à leurs adeptes un acte de foi, les yeux fermés. Leurs auteurs ont fait des efforts souvent très considérables pour leur trouver des bases expérimentales, et ces efforts, nous le reconnaissons hautement, n'ont pas été inutiles à la science. Toutes ces tentatives ont été plus ou moins heureuses, et la multiplicité même des théories diverses prouve qu'aucune n'a été de tout point satisfaisante. C'est surtout à la doctrine de la génération hétérogène que nous pouvons appliquer cette remarque. N'étant rien dans le système de la descendance évolutive, elle aspire, à peine née, à être tout. Elle s'imagine qu'il suffit d'avoir montré les vices et les insuffisances du transformisme pour prendre sa place. Cela ne suffit pas, il faut des preuves, au moins des probabilités. Le transformisme, il faut lui rendre cette justice, tout en flattant les secrets instincts d'indépendance intellectuelle qui attiraient à lui, s'était mis à l'œuvre, et la patience et le génie de ses maîtres, avaient élevé autour de lui de savantes défenses qui semblaient devoir le rendre inexpugnable. On se découvre avec respect devant cette fière citadelle; qu'importe le drapeau qui flotte sur ses créneaux; ses hautes tours font honneur à l'art profond qui les construisit, et leur solidité même, rendra plus glorieuse la fortune des adversaires qui les assiègent, et comptent bien les voir à terre.

La théorie de la génération hétérogène n'en est pas là, et la simplicité de son équipement, son dédain des mesures de défense font sourire. Et c'est contre l'œuf, qu'elle veut attaquer dans son essence même, qu'elle s'avance avec cet armement léger, contre l'œuf, ce colosse souvent microscopique qui défie toutes les surprises.

Un être nouveau, spécifiquement différent des géniteurs de cet œuf, en sortirait, sous l'influence d'une force évolutive mystique du germe, dont l'heure serait arrivée. La monère primitive contenait donc en puissance les étapes successives de son type, et devait pas à pas, marche par marche, gravir cet escalier gigantesque.

Pendant des siècles l'œuf obéit à sa loi, c'est-à-dire à la transmission héréditaire des caractères des ascendants, et puis soudain, non par caprice, non sous l'influence de causes extérieures, mais pour obéir à une autre loi qui est aussi en lui, quoique tout à fait contraire à la précédente, le germe tressaille, une métamorphose s'accomplit, et de cet œuf de grenouille va sortir un lézard, ou tout au moins un fils qui ne ressemblera pas à la mère. Tout va rentrer dans l'ordre, le lézard enfantera des lézards pendant de longs siècles peut-être, sans que cette continuité épuise les virtualités qui dorment en lui, jusqu'à l'heure solennelle, marquée au cadran de l'évolution hétérogène, où par métamorphose subite du germe, ce lézard s'élevant d'un cran dans la série, prendra peut-être des ailes. Rapetissez si vous le voulez les distances qui séparent les formes consécutives, le fond de la doctrine est de faire sortir de l'œuf par transformation du germe un être différent de ses parents.

« Dans l'état actuel des choses, dit De Hartmann, on ne peut soutenir qu'il soit impossible que la nature ait eu recours dans tous les cas à la génération hétérogène. » C'est vrai, aussi ne le ferons-nous pas, nous prierons tout simplement le défenseur de la théorie de nous faire assister à un seul passage. Il nous répondra que cette hypothèse se meut comme le transformisme dans une région où l'expérience fait complètement défaut; que les passages surgissent sans que rien ne les fasse prévoir, et à des distances énormes les uns des autres. Attendons donc, nous, sur le terrain du fait indéniable, de l'expérience positive, *la fidélité de l'œuf à son type*; attendons, les raisons d'admettre ce qu'on ne peut nous montrer.

Le transformisme malgré les découvertes paléontologiques, n'ayant jamais pu remplir le vide existant entre certains types, c'est la génération hétérogène qui, faisant faire aux êtres des sauts considérables, d'une forme mère à la forme dérivée, nous donnera la clef de ce mystère. Nous adressons cet argument aux partisans de l'évolution, c'est à eux de l'apprécier, il nous faut autre chose.

Il y a dans la nature des exemples de la production de types absolument différents de leurs parents directs. La chenille sort de l'œuf du papillon. Une larve infusoriforme sort de l'œuf de l'étoile de mer. La méduse flottante enfante des polypes fixés, etc., ailleurs, chez les abeilles, les fourmis, les termites, il y a des exemples de dimorphisme. Ainsi, métamorphoses, générations alternantes, dimorphisme, sont des moyens à l'aide desquels les partisans de la génération hétérogène pensent que la nature a pu passer d'un type à l'autre.

Voici la chenille et le papillon. Le papillon est plus élevé que la chenille. Si des œufs du papillon il pouvait sortir un papillon, dit Hartmann, le passage serait opéré. Nous ne voyons pas où serait le bénéfice, puisque la chenille finit toujours par arriver au papillon, et nous retombrions dans le fait étudié plus haut de l'accélération embryologique, dont l'hylodes de Bavay est un exemple si remarquable. Ce que nous voyons, au contraire, c'est qu'entre la modification interne du mode ou de la tendance à la reproduction, il faudrait que le jeune papillon, la jeune libellule, fussent adaptés dès leur début à un mode d'existence qui leur permît d'attendre sans péril l'époque de la reproduction. On sait que les papillons de beaucoup de lépidoptères n'apparaissent que pour la fécondation et la ponte, rapides fonctions suivies de la mort. Il serait plus facile de donner aux chenilles la faculté de pondre, et l'on ne voit pas pourquoi la nature n'économiserait pas la phase papillon, dussent les poètes en gémir. Dans cette dernière hypothèse, il n'y aurait plus de progrès, et nous retombons dans la doctrine des arrêts de développements. C'est avec des *si* qu'on bâtit des théories, mais les naturalistes véritables ont horreur de ce genre de dilettantisme.

Si les neutres chez les abeilles pouvaient produire, dit encore de Hartmann, un nouveau type surgirait. Où serait l'utilité puisqu'il existe, puisqu'il peut naître sans être lui-même fertile, où serait d'ailleurs sa supériorité sur la forme abeille féconde? Pourquoi supprimer cette merveille qui peut faire entrevoir un procédé bien autrement fécond que la simple génération hétérogène, *si* l'on pouvait concevoir une forme féconde, capable de produire, non pas seulement les diverses utilités d'une ruche, mais toute la série des hyménoptères. *Qui sait, si,* cela ne s'est pas passé ainsi, et *si* les formes du groupe hyménoptère ainsi produites, n'ont pas voulu plus tard goûter à leur tour les douceurs de l'hyménée, et les satisfactions de la ponte. Nous aurons autant de raison de dire, nous aussi, — il n'est nullement impossible que des phénomènes de cette nature aient présidé à la formation d'espèces nouvelles, — malheureusement pour les faiseurs de théories, les faits démontrés, observés, passent avant toutes les *possibilités,* et les faits parlent autrement.

Les générations alternantes semblent aux auteurs de la théorie dont nous parlons, pouvoir offrir à la création d'espèces nouvelles les mêmes facilités. Nous présenterons les mêmes objections. On retombe dans le fait de l'accération embryogénique dans l'œuf, si de l'œuf de méduse peut directement sortir une méduse, et d'ailleurs répétons-le encore, où serait le progrès, puisque la méduse succède toujours à la forme polype. Les faiseurs de systèmes n'ont jamais cherché à pénétrer les raisons naturelles des générations alternantes, ils n'ont pas vu par exemple que pour les formes fixées au sortir de l'œuf, la production d'une seconde forme, plus libre et féconde, était un moyen de dissémination des œufs, et concourait par conséquent au maintien de l'espèce, qui ne s'étouffe pas sur le même point. C'est là même raison qui a donné des aigrettes ou des ailes aux graines.

De Hartmann admet encore que la génération hétérogène en créant des monstruosités unilatérales, peut arriver, grâce à la transformation corélative, à réaliser des types nouveaux. Nous savons déjà la réponse de l'œuf à cette hypothèse. Les monstruosités sont des accidents, des déformations, des dégénérescences, qui, loin d'élever le type tendent à l'abaisser, et n'ont jamais, nous l'avons vu, donné un être viable, ou capable de faire souche d'une lignée continue. La réponse de l'œuf est catégorique, elle est positive, expérimentale, et met à néant toutes les fantaisies évolutives. Et puis, quelle transformation corélative attendre d'un poulet cyclope, ou d'un veau à deux têtes ? Pouvons-nous concevoir qu'il puisse sortir de ces monstruosités un type vraiment supérieur. Le poulet cyclope ne sera-t-il pas toujours un poulet, et le veau aura-t-il plus de génie parce qu'il aura deux têtes ? ce ne sera jamais qu'un double veau, un double animal. Il ne nous semble pas que les frères Siamois aient eu une existence bien enviable, et qu'il eut été désirable que leurs enfants eussent été semblablement appareillés. On nous dira que nous ne parlons que des monstruosités regressives, nous mettons au défi d'en citer une seule qui soit réellement progressive.

Ainsi la théorie de la génération hétérogène ne peut s'appuyer sur l'avènement des monstruosités, l'œuf lui refuse ce secours. Comment d'ailleurs une doctrine qui fait appel, comme principe essentiel, à l'évolution interne, conduisant d'étapes en étapes, et à des moments déterminés les formes vers un but fixé d'avance, comment cette doctrine peut-elle faire appel à la production fortuite, irrégulière des monstruosités? Ou votre principe est vrai, et par conséquent suffisant, et alors les monstruosités si elles étaient viables, seraient autant d'obstacles sur votre route ; ou votre principe de force évolutive interne est suspect, et alors, comme le transformisme, vous êtes à la merci de ces influences extérieures que vous reconnaissez insuffisantes à pousser les espèces dans les voies du progrès évolutif.

Les transformistes jugeant avec raison qu'il est impossible de demander à l'œuf la production de formes différentes de celles des géniteurs, avaient mis au dehors les modifications morphologiques; les hétérogénistes à leur tour, reconnaissant, avec raison, qu'il est impossible que les causes extérieures seules, puissent conduire l'évolution, ont demandé au germe, dans l'œuf, des métamorphoses qu'il leur refuse absolument. Que reste-t-il de tous ces efforts et de ce conflit entre transformistes et partisans de la génération hétérogène? Rien. Nous nous trompons, il en résulte la ruine de deux théories adverses de la fixité de l'espèce.

THÉORIE DES CELLULES PRIMITIVES

Un autre, M. Wigand, veut concilier l'évolution et la fixité de l'espèce. Lui ausssi a horreur du miracle, et invente, au dire de l'un de ses critiques, « une machinerie infiniment artificielle » qui n'est autre chose qu'une « restitution du miracle de la création sous forme d'une concentration potentielle infinie....., une des fantaisies les plus téméraires de l'imagination scientifique. »

Une monère primitive source de toute vie. De cette vénérable et antique mère des organismes, sortent des multitudes de cellules filles dites primitives, identiques au physique, mais profondément différentes *au moral*. Elles se reproduisent sans changement pendant des millions et des millions d'années dissimulant leurs intentions, et les possibilités qui sont en elles. Un jour, jour marqué sans doute au cadran du destin, incapables de maîtriser plus longtemps le grand dessin qui couve en elles, elles donnent naissance à des organismes qui au début se ressemblent encore, ce sont des larves; mais celles-ci, moins patientes que leurs mères, se laissent aller au cours de l'évolution fatale, inscrite dans chacune des cellules primitives dont elles sont sorties, et réalisent ainsi le développement total d'un type, matériellement préformé. Les énergies ainsi latentes dans les cellules primitives, sont épuisées par la production d'une forme définitive qui ne variera plus. Va-t-on nous demander de prouver qu'il n'en a pas été ainsi dans un passé lointain inaccessible à notre observation ? Je ne sais, mais pour ne pas faire un aussi long voyage en remontant si haut, je me hâte de dire que la possibilité du fait n'est pas en cause; tout est possible en ce monde, surtout l'impossible. Nous avons un conseil auquel nous préférons nous adresser encore, c'est l'œuf.

Dieu merci toutes les monères ne sont pas arrivées au haut de l'échelle, il en reste encore dans le monde un bon nombre. Celles-ci sont-elles des paresseuses en retard dans leur évolution, ou, véritables disgraciées, la fée qui dota leurs sœurs d'un destin si glorieux, oublia-t-elle de les toucher de sa baguette? Toujours est-il qu'elles traînent une existence obscure. Elles n'ont guère d'autre fonction que de se multiplier ; quelques-unes d'entre elles le protomyxa aurantiaca, par exemple, se remplit de véritables œufs, d'où sortent des monères identiques à leur mère. Jamais on n'en a vu sortir d'organismes plus élevés, larves ou autres. Pourquoi les anciennes monères auraient-elles agi autrement, ou pourquoi les monères actuelles n'agissent-elles pas comme autrefois, au moins de temps à autre ? D'une autre part, il est peu de larves dont l'origine n'ait été décelée, et jamais on n'a trouvé de monères dans leur berceau, elles sortent d'œufs appartenant à des espèces bien établies, et qui ne semblent pas en voie de transformation.

Ainsi le présent contredit le passé. Si les formes vivantes ont varié aux différentes époques de la durée, tout prouve que leur mode de production, que ce soit création ou tranformation, n'a pas changé. La théorie des cellules primitives multiplie les difficultés et complique le credo scientifique qu'elle nous propose. Résistance prolongée des monères aux forces intérieures qui les poussent à évoluer, résistance à progressser encore, que rien n'explique dans le système des espèces parvenues. Où est le critérium pour juger qu'une espèce ne varira plus ? Depuis quand est-elle arrêtée? Et puis, le dynamisme métaphysique déborde dans cette conception. Que sont ces cellules primitives où dorment, non pas les manifestations prochaines, mais toute la série des métamorphosés jusqu'au terme évolutif? Qui donc enferma ces virtualités dans ces cellules primitives ? Nous admirons le mystère de l'œuf, renfermant une seule possibilité, celle de l'être unique et déterminé qui en sortira; M. Wigand nous prie de reconnaître dans un germe de monère des possibilités innombrables. Tout prouve que l'œuf est conservateur d'un seul type transmis héréditairement et nous trouvons que cette fidèle transmission, sans déviation, sans altération, est un prodige ; mais voici quelque chose de plus fort ; l'œuf, dans la théorie des cellules primitives, doit conserver et transmettre avec non moins de fidélité les innombrables formes qui doivent s'échelonner jusqu'à la réalisation du type définitif. Nous croyons que dans l'œuf la segmentation formatrice de l'embryon est invariable dans chaque espèce et la théorie que nous analysons nous force d'admettre des modalités diverses du processus embryonnaire, précédant l'invariabilité quand la forme est devenue définitive, c'est-à-dire spécifique.

Nous croyons l'avoir démontré ; l'œuf repousse cette théorie; il la condamne ou du moins la relègue dans le domaine des possibilités théoriques où dorment tant d'autres conceptions du même genre.

CONCLUSIONS

Cette revue des théories de la vie jugées dans l'œuf a son enseignement. Elle nous montre que dans toutes ces conceptions l'imagination domine l'expérience, et qu'il est impossible de concevoir quelque chose de plus simple que ce qui est. La simplicité! C'est là pour nous une marque de fabrique qui accuse un génie divin. *L'œuf reproduit invariablement l'espèce*. Voilà le fait certain, indéniable, voilà la loi dans toute la série vivante et dans tous les temps. Comment la cellule reproductrice emprisonnée dans l'œuf peut-elle recevoir toutes les virtualités de l'être et les transmettre intactes à l'être nouveau, voilà le mystère. Le substratum matériel qui en est la condition est impénétrable : nous ne comprenons pas mieux comment la substance nerveuse est la condition de la pensée. Une science embryogénique merveilleuse nous fait assister minute par minute à la naissance de l'édifice. Nous voyons le tout sortir du rien, la forme surgir de ce qui n'avait pas de forme, l'habitude, le mouvement, la sensibilité, l'instinct même apparaître là où n'existait que l'hébétude, l'inertie, l'insensibilité, la passivité. Nous savons tout ce que la science expérimentale la plus sagace peut nous apprendre. Nous avons analysé les conditions cosmiques de ces phénomènes, et cependant nous sentons ne pas tout savoir, puisque nous ne savons pas comment un substratum matériel peut recevoir, garder et transmettre la pensée créatrice dont l'être est la réalisation.

Les pages précédentes nous ont appris comment l'esprit humain s'y est pris pour matérialiser ce prodige, et nous avons vu qu'il n'a réussi qu'à formuler des explications plus mystérieuses que le mystère lui-même. Loin de condamner ces efforts, nous reconnaissons qu'ils sont dans la nature humaine qui a soif de connaître. Lessing se trompait profondément quand il plaçait le souverain bien, non dans la possession, mais dans la poursuite de la vérité; celle-ci c'est le travail, la peine; l'autre c'est le repos, la liberté de l'âme. De ces décourageants *ignorabimus*, semés sur notre route, M. Du Bois Raymond veut que « le savant se relève jusqu'au mot d'ordre viril que Septime Sévère mourant donnait à ses légionnaires : « Laboremus! » (1) parole de stoïcien, parole ingrate. Le travail est une loi dure, ce n'est pas un but. Rien n'arrêtera le savant; vous avez beau prétendre que non, « il se précipite en désespéré, comme Empédocle, dans le gouffre matériel dont il n'a pu pénétrer le secret. » Nous l'avons vu et nous le verrons longtemps tourner autour de cet œuf, qui l'attire comme un miroir attire les oiseaux. Ce n'est pas le travail qu'il y trouve pour sa pensée qui le retient, c'est l'espoir d'y trouver la clef de l'énigme qui le tourmente.

Un jour, quand un grand nombre d'autres hypothèses seront venues se briser contre l'œuf, quand l'expérimentation aura dit son dernier mot, quand le flot des chercheurs s'éloignera découragé du Sphinx, on reconnaîtra que l'œuf est un de ces rares sommets où l'on touche peut-être à la cause première. La matière semble y tressaillir encore, comme aux premiers jours de la vie, sous la puissance directe qui l'engagea dans des voies nouvelles inconnues au monde inorganique. La science, par son ardeur infatigable, mais stérile à vouloir trouver l'épaisseur de causes secondes, là où il semble ne pas en exister, aura donné

(1) Darwin contre Galiani. Revue des cours scientifiques (1860-1877).

une solution éclatante du mystère de l'œuf et la seule qui soit vraie.

Si quelques-uns plus heureux ont pressenti cette vérité, qu'ils soient toutefois reconnaissants pour les travailleurs. Leur labeur ingrat a fait jaillir sur ce grand problème une lumière qu'ils ne cherchaient pas et qui les blesse peut-être. La science est pleine de ces démonstrations par impuissance, elles sont précieuses et fécondes, car ce sont les seules qui conviennent à certains problèmes.

L'explorateur qui brise son vaisseau sur l'écueil qu'il conteste, a plus fait pour en prouver l'existence que le navigateur qui le premier l'avait signalé sous les eaux agitées.

TABLE

	Pages
L'Œuf formule organique	7
L'Inconscient	13
L'Involution	18
Système des molécules organiques	20
L'Epigénèse	21
La Pangénèse	23
La Périgénèse	26
Le Témoin ancestral	28
L'Œuf et la création des monstres	32
Théorie des arrêts de développement	41
Accélération embryogénique	48
Théorie de la gastréa	51
Les colonies animales	57
Darwinisme	69
La génération spontanée	81
Théorie de la génération hétérogène	85
Théorie des cellules primitives	98
Conclusions	101

BREST. — IMPRIMERIE DE L'*Océan*, RUE KLÉBER, 11.

www.ingramcontent.com/pod-product-compliance
Ingram Content Group UK Ltd.
Pitfield, Milton Keynes, MK11 3LW, UK
UKHW021110200726
13857UKWH00003B/1169

9 782013 036214